KB056384

러시아 3 · 1운동지도자

문창범 평전

러시아 3 · 1운동지도자

문창범 평전

초판 1쇄 인쇄　2024년 6월 15일
초판 1쇄 발행　2024년 6월 25일

저 자　박　환
펴낸이　윤관백
펴낸곳　선인

등 록제5-77호(1998. 11. 4)
주 소　서울특별시 양천구 남부순환로48길 1, 1층
전 화　02-718-6252
팩 스　02-718-6253
E-mail　sunin72@chol.com

정 가　18,000원

ISBN 979-11-6068-898-6 93990

러시아한인이주 160주년 기념

러시아 3·1운동지도자

문창범 평전

박 환

선인

文昌範

문창범

올해는 조선인이 러시아로 이주한지 160주년이 되는 의미 있는 해이다. 이들은 1864년경부터 러시아로 이주하여 러시아국적을 취득한 인물로서 후대에 이주하여 국적을 취득하지 못한 인물들 즉 여호인과 구별하여 원호인이라고 불리우는 사람들이다. 이들 원호인 중 대표적인 인물로 최재형, 최봉준, 김학만, 김알렉산드라 스탄게비치, 문창범 등을 들 수 있다. 아울러 여호인으로서 대표적인 인물로는 우리에게 익숙한 이동휘, 홍범도 등을 들 수 있을 것이다.

문창범은 러시아에 초창기에 이주한 러시아국적을 가진 원호인의 아들이다. 그는 1870년 조선에서 출생하였으나 그의 대부분의 시절을 러시아에서 산 사실상 고려인이다. 그는 여호인들이 부르는 얼마우재였다. 바로 2등 러시아인이었던 것이다. 그럼에도 불구하고 문창범은 러시아국민으로서 의무를 다하면서도 조국 조선을 잊지 않았다. 그는 러시아와 조선의 경계인이었지만 항일투쟁에 참여하고 주도한 인물이었다. 그러나 원호인 부호출신이었기에 1927년 소련공산당에 가입이 허가되지 않았고, 토호로서 규정되어 추방되었고,

스탈린 시대에 감옥에서 이슬로 사라졌다. 오늘날 문창범은 고려인 어느 누구도 기억하지 않고 존경하지도 않는 잊혀진 고려인일 뿐이다. 스탈린 시대 고려인이 희구한 정체성의 또 다른 희생자가 아닐까 생각해 보게 된다.

그렇다고 하여 모든 원호인이 문창범과 같다고 언급할 수는 없다. 문창범은 원호인의 다양한 유형가운데 한 사람인지 모른다. 원호인이지만 고려인의 칭송뿐만 아니라 한국인들의 추앙을 받는 또 다른 유형의 인물이 있다. 페치카 최재형이라고 불리우는 최재형이 바로 그 인물이다. 최재형은 원호인이지만 당시에도 여호인, 상해파 등 그와 계열을 달리하는 독립운동가들로부터 존경의 대상이 되었다.

즉 원호인 가운데에는 최재형과 같은, 문창범과 같은 다양한 유형들이 인간 군상이 있는 것이다. 즉, 결을 달리하는 다양한 유형들, 그 가운데 한 사람이 바로 문창범이다.

본서에서는 원호인 가운데 한 유형의 대표적인 인물인 제2의 최재형인 문창범에 주목하고자 한다. 문창범은 러시아지역을 대표하는 지도자 중 한사람으로서 러시아지역 3·1운동을 주도하였을 뿐만 아니라 대한민국임시정부 설립의 가장 중요한 토대가 된 러시아지역 임시정부인 대한국민의회 의장을 역임하기도 하였다. 나아가 대한민국임시정부의 초대 교통총장에 임명되기도 하여, 러시아 한인들로부터 대통령으로 호칭되기도 하였다.

문창범의 반대파인 러시아지역의 대표적인 역사학자 계봉우는 그의 저서 『꿈속의 꿈』상(上)에서 러시아 국적 한인들에 대하여 다음과 같이 언급하고 있다.

> 러시아에 입적한 원호의 밖에 여호(餘戶)와 외품자리의 명칭을 가진 사람들이 또한 있었다. 여호라는 것은 농촌이나 도시에서 가족을 데리고 살림하면서도 러시아에 입적하지 않은 그들의 명칭이요, 외품자리라 하는 것은 자기와 자기의 그림자밖에는 더 없는, 돈을 벌면 고향으로 돌아간다는 노동자들의 명칭이었다. (중략)
> 원호에는 우리가 숭배할만한 인물이 없거나 하여서는 안 된다. 닭이 천 마리면 봉황이 하나 있다는 셈으로 그들 중에도 인물이 있었다. 이를테면 이범윤의 의병을 편성하였으며, 일본에 망명한 박영효와의 연락을 취하던 최재형, 한족회를 창설하였으며 국민의회의 의장으로 되었던 문창범은 과연 숭배를 받을 만한 인물이었다. 상해 가정부의, 각 원 속에 하나는 재정총장으로, 그 다음 하나는 교통총장으로 피선된 것은 그들의 인물이 어떻다는 것을 평가하여 주는 것이다. 그리고 여자계의 인물로는 김쓰딴게비츠를 말하여야 되겠다.

라고 있듯이, 계봉우는 러시아국적 한인들 가운데 문창범(바실리 안드레예비치 문 Василий Андреевич Мун), 최재형, 김 스탄게비치 등을 대표적인 독립운동가로서 높이 평가하고 있다.

1919년 4월 17일 재블라디보스토크 총영사가 외무대신에게 올린 〈불령 조선인의 동정에 관한 건〉을 보면, 그 중 문창범에 대하여 다음과 같이 보고하고 있다.

> 조선인 사이에서는 문창범을 대통령이라 부르고, 김하석을 총사령관이라 부르고 있는 듯하다. 문창범은 조선인 청년들 사이에서 한때 눈부신 활약을 떨쳐 촉망받고 있음이 인정된다.[*]

라고 있듯이, 문창범은 1919년 3·1운동 당시 러시아 연해주 조선인 사이에 대통령이라고 불리울 정도로 대중적 지지를 받고 있던 독립운동가였다. 아울러 『조선일보』 1921년 12월 2일자에서도 문창범을 "배일조선거두"로 호칭하고 있다.

또한 문창범과 함께 러시아지역에서 가장 친밀하게 활동하였던 원세훈도 1932년 1월 1일자 발행 『비판』 2권1호 〈새해를 마지니 추억되는 고인과 금인〉에서,

---

[*] 국사편찬위원회, 『한국독립운동사자료』 36, 1919년 4월 17일, 불령조선인의 동정에 관한 건.

그는 고 최재형씨와 아울러 노령의 2걸로써 1917년까지는 노령
사회에서 칭패(稱覇)하였다, 노국혁명후에 전로한족중앙총회의 의
장이 되었고, 1919년에 대한국민의회의 의장이 되었던 때로부터
비로서 완전히 노령사회의 일걸만이 아니라 우리 전사회가 요구하
는 인물이 되었다

라고 최재형과 함께 문창범을 높이 평가하고 있다.

그럼에도 불구하고 문창범은 그동안 학계의 주목을 별로
받지 못하였다. 그에 대한 본격적인 논문이 한 편도 없다는
점이 이를 단적으로 보여주고 있다고 해도 과언이 아니다.
문창범이 주목받지 못한 이유는 몇가지로 나누어 볼 수 있을
것 같다.

첫째, 일차적으로 러시아지역에서 활동한 인물이기 때문
이다. 1990년 한국과 러시아가 국교수교 이전에는 한국학자
들의 러시아 방문은 사실상 불가능한 상황이었다. 이와 같은
냉전시대의 상황은 그를 주목하지 못한 가장 기본적인 이유
일 것이다.

둘째는 대한민국임시정부에 독립운동의 정통성이 있다는
시각 때문일 것이다. 문창범이 처음에는 대한민국임시정부
에 참여하였으나 1919년 9월 대한민국임시정부의 통합에 불

만을 품고, 새로이 대한국민의회을 부활시켰기 때문일 것이
다. 즉, 대한민국임시정부적 관점에서 문창범은 이단아로 비
추어 짐으로서 그 역사적 평가 역시 그 한계를 벗어나지 못
했을 것이다.

셋째는 문창범을 타국으로의 즉, 러시아로의 귀화를 부정
적으로 보는 여호인의 입장, 그리고 우리의 애국주의적 시각
에서 평가한 측면이 있다고 보여진다.

필자는 이와 같은 3가지 이유에 의하여 문창범이 주목받지
못하고 있지만 이를 객관적으로 검토함으로서 문창범의 역
사적 위상을 진솔하게 살펴보고자 한다.

본서는 크게 러시아혁명 이전과 이후, 혁명이후는 문창범
이 자유시참변 참전 이전과 그 이후로 나누어질 것이다. 먼
저 러시아로의 이주와 성착, 구한말의 계몽운동, 일제의 조
선 강점이후의 권업회 활동 등을, 이어서 러시아 혁명후의
대한국민의회 조직, 3·1운동 주도, 대한민국임시정부 교통총
장으로의 참여 등에 대하여 밝혀보고자 한다. 끝으로 연해주
에서 아무르주로의 근거지 이전과 대한국민의회의 부활, 자
유시참변과 그의 최후 등에 대하여 밝혀보고자 한다.

이 책자를 통하여 오늘날 고려인으로 불리우는 동포들의

역사를 보다 심층적으로 다양하게 분석함으로써 고려인의 특징과 한계를 객관적으로 이해할 수 있는 기본적인 토대를 마련하고자 한다. 아울러 시베리아 벌판에서 또다른 조국, 조선의 독립을 위해 투쟁했던 경계인, 얼마우재들의 항일투쟁이 보다 밝혀지는 계기가 되기를 기대한다.

2024년 6월 문화당에서

청헌 박환

차례

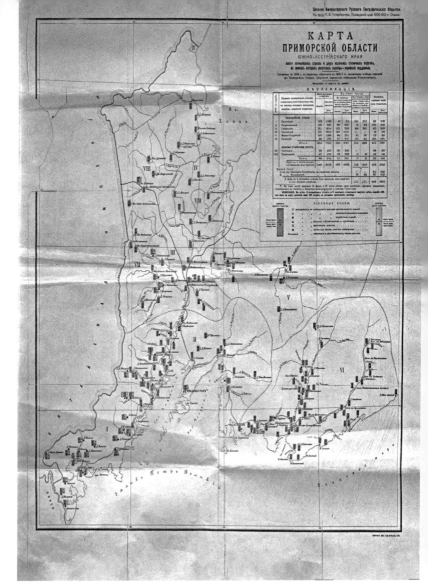

구한말 연해주 한인마을 지도

제1장

러시아로의 이주와 우수리스크
푸칠로프카 정착

『삼천리』제5권 제1호(1933년 1월 1일), 별책부록, 〈조선사상 가총관(朝鮮思想家總觀)〉에, 다음과 같은 기록이 있다.

문창범
현재=러시아 니코리스쿠시 모 결사의 간부
경력=수십년 전에 해외에 주(走)하야 (중략) 약 백만원의 대금(大金)
을 그 자금으로 집산(集散)식혓다 전한다
학력=러시아학교
회유족적(會遊足跡)=러시아, 중국 각지
어학=러시아어
◇함북 경원출생, 현 주소 시베리아 니코리스쿠시, 1872년생, 즉
62세

1937년 강제이주 이전 연해주 한인정착촌 지도

　문창범은 1870년 함경북도 경원군 유덕면 죽기동에서 출생하였으며, 8세 때인 1877년경 아버지를 따라 러시아 연해주 우스리스크(니코리스크) 인근 푸칠로프카(육성촌) 마을로 이주했다.* 푸칠로프카는 1869년 4월에 형성된 마을로, 1878년 당시 173가구 799명이 살고 있었다. 문창범은 할머니, 아버지 문광열(안드레이), 어머니, 3살 많은 누나 등과 함께 였다.**

　문창범이 성장한 푸칠로프카 마을에 대하여는 반병률교수의 연구 상과가 있어 큰 도움이 된다. 이를 보면 다음과 같다.

---

* 『국외용의조선인명부』, 246쪽.
** 박 발렌찐, 『남우수리지역의 첫 한인이주민 기족－자유와 희망의 땅 제3부』, ㈜ 발렌찐, 우수리스크, 2013, 59~60쪽.

푸칠로프카 이정표

푸칠로프카(六城村, Putillovka) 개척(1869년)*

1895년에 작성된 러시아왕실부설 지리학회 보고서는 추풍4사(秋豊4社) 가운데 제일 먼저 개척된 푸칠로프카촌(六城村)의 정착과정을 자세히 기록하여 놓았는데, 마을의 신부(神父)와 토박이 주민들의 증언을 토대로 한 것이었다.

1867년 '최'라는 성을 가진 사람이 친척들의 요청에 따라 러시아 내에서 궁핍한 농민들이 정착할 만한 곳을 알아보기 위하여 블라디보스토크, 포시에트, 니콜스크예 등 남부우수리지방의 거의 모든 지역을 둘러보았다. '최'는 귀국하여 사람들에게 남부우수리지방의 생활과 농업상의 조건에 대하여 말해주었다. 그리하여 같은

---

* 반병률, 「러시아 원동지역 초기 한인마을 형성과 러시아의 정책에 대한 재해석」, 『역사문화연구』 40, 2011.

해(1867년) 12월 경흥의 궁핍한 농민 150가구가 당국의 허가없이 가족들을 이끌고 포시에트 구역의 연추마을로 무단 월경을 감행하였는데, 이곳에는 이미 30가구의 한인들이 살고 있었다. 이들이 연추마을에 도착하기까지 2개월이 걸렸으니 그 과정에서 이들이 겪었을 고통은 미루어 짐작할 수 있다. 러시아학자는 이들이 겪었을 궁핍상에 대하여 "잘 알려진 바, 자기 가족들에 대한 애착이 강한 한인들이 몇 그릇의 수수를 얻기 위하여 처와 자식들을 판 경우가 있었다"는 얘기로써 충분하다고 했다. 3개월이 지난 후 이들 가운데 일부는 연추마을에 남았고, 나머지 한인들은 연추마을을 떠나 블라디보스토크로 향했다.

이들이 블라디보스토크에 도착한 것은 다음 해인 1868년 3월이었다. 1개월 후 몇 가구는 블라디보스토크에 남아 정착하기로 하고 남았고, 나머지는 행정당국의 허가를 받아 기선을 타고 라즈돌리노예(하마탕, 蛤莫塘)역으로 보내졌다. 이들은 정착지를 특별할당해 줄 것을 러시아당국에 청원하였고, 연해주당국은 수이푼강의 오른쪽 분지를 할당해주기로 하고 관리 푸칠로(Putsillo)를 파견하였다. 라즈돌리노예에 온 지 8개월만이었다. 역시 일부는 라즈돌리노예에 정착하기 위해 남고, 나머지 사람들이 푸칠로를 따라 수이푼강의 지류인 류치헤자(Rechka Liuchikheza, 현재의 카자취카 강 Rechka Kazachka) 오른편 분지에 정착하였다. 니콜스코예 마을로부터 서쪽으로 25베르스타(약 26킬로미터)에 위치한 이 수이푼강 분지 최초의 한인마을은 러시아관리 푸칠로의 이름을 따서 '푸칠로프카'라고 하였다. 1869년 4월의 일이다.

한인들은 푸칠로프카 마을을 육성촌(六城村)이라고 불렀는데, 마을

옆의 상이름 즉, '6개의 지류를 가진 강'이란 뜻의 류치혜자(六汉河子)에서 따온 것이다. 푸칠로프카 마을이 들어선 분지는 원래 사람이 근접할 수 없는 잡림으로 뒤덮인 황무지였다. 최초의 이주자들은 배치되자 마자, 중국식과 조선식을 모방하여 거처할 집과 다른 용도의 건물들을 지었다. 이들은 매년 분지를 뒤덮고 있는 삼림들을 다 베어냈다. 그 결과 몇년 만에 15-6베르스타(16-7킬로미터)에 달하는 분지는 오래된 참나무 몇 그루를 빼놓고 삼림이 없어졌다. 거처할 집은 마련했으나 정착민들에게 절박했던 것은 일용한 식량이었다. 이들은 소, 말과 같은 가축이나 주요한 농기구가 없었던 상황에서 온 주민들이 몇안되는 목제나 철제의 호미와 도끼를 갖고 거의 맨손으로 땅을 일구고 채소와 곡식을 파종할 밭을 마련했다. 이들은 조, 감자, 옥수수를 심었는데 종자는 러시아당국으로부터 제공받았다.

다음해인 1870년 러시아당국은 땅의 경작을 위한 경작용 소 한 쌍을 푸칠로프카 마을에 제공하여 더 많은 땅을 개간할 수 있게 하였다. 당국은 이와 함께 파종용 종자를 구입할 수 있도록 은화 30루블를 지원하였는데, 이 돈으로 농민들은 국경지대의 중국마을인 산차거우(三岔口)의 중국인들로부터 종자를 구입했다. 러시아당국은 또한 당시 수이푼강 일대를 횡행하고 있던 홍후즈(紅鬍賊-붉은 수염을 중국인마적)로부터 방어할 수 있도록 2개의 권총을 주었다. 가을이 되자 푸칠로프카 마을 한인들은 이렇게 농사한 식량 얼마를 자가용으로 남기고 나머지는 산차거우의 중국인들에게 팔았다.

푸칠로프카 마을의 농민들은 곡식을 판 자금으로 점차적으로 소와 말을 기르고 이를 위한 축사를 마련했고, 고난의 3,4년을 거친 후에는 제법 안정된 생활을 영위하게 되었다. 그리하여 이들 한인들은 두고 온 고향의 동리사람들에게 성공적인 정착과 안정된 생활에 대한 소식을 전했다. "이곳에서의 생활은 모든 면에서 매우 좋다. 식량이 풍부하고 러시아정부는 자기 국민처럼 도와주고 보호해주며 애정으로 받아들였으며 비옥한 토지를 주었기 때문에 더 많은 한인들이 이주해 와도 상관없을 정도이다"라고. 이로 인하여 푸칠로프카 마을의 주민수가 늘어났다. 1869년 정착당시 10가구에 불과했던 주민수가 1년 만에 70가구로 늘어났고, 이후 새로운 이주자들이 계속 증가하면서 강의 양쪽에 4개의 촌락군이 형성되었다. 류치혜자강의 가장 서쪽 즉, 상류지역에 위치한 상소(上所)로 부터 동쪽으로 중소(中所), 관소(官所), 하소(下所)로 불려졌다.

1878년에는 측량기사가 파견되어 푸칠로프카마을과 다른 한인마을들간의 경계가 지어졌다. 푸칠로프카 마을 역시 초기에는 홍후즈의 공격을 받았고 말, 소, 양곡, 채소 등 가재들을 약탈당했고 주민들이 살해되었다.(8명), 한인들은 러시아 니콜스코예 수비대에 초소 설치를 요청하였고, 푸칠로프카 마을에 20명의 병사를 배치한 초소가 배치되었고 1878년에 1개 중대를 수용할 수 있는 목조병영이 건축되었다. 푸칠로프카의 모든 마을에 초소가 설치되어 홍후즈의 습격이 중단되었고, 1882년 7명의 병사만 남겨놓고 러시아병사들이 초소로부터 철수하였다.

푸칠로프카 마을에 뒤이어 3년후인 1872년에 코르사코프카(Korsakovka, 河口, 허커우), 크로우노브카(Krounovka, 黃口), 시넬리니코보(Sinel'nikovo, 永安坪)의 3개 마을이 개척되었다. 이들 4개 마을은 한인사회에서 '추풍4사'로 통칭되어 불려지게 된다.

문창범의 가족과 푸칠로프카에 대하여는 다음의 기록을 통하여 짐작해 볼 수 있다.[*] 우선 문창범의 아버지 문광열의 결혼 60주년 행사에 대하여 보기로 하자.

1878년(비슬네눕의 통계시)의 경우, 푸칠로프카 마을에는 문씨는 단 한가족만 있었다. 이민자들의 명단에 가장 먼저 온 사람들 중에 문광열(48세), 아내(54세), 두자녀(아들-7살, 딸 10살), 모친(73세)이 있다. 점점 가정은 부유해졌다. 문광열(세례명 안드레이)의 아들은 니콜스크 우수리스크에서 규모있는 육식 장사꾼이 되었다.

1910년 11월에 푸칠로프카에서 문창범의 아버지 문광열의 결혼 60주년 잔치가 있었다. 이 행사에 보고로짓스키 신부가 축사를 하였다. 마을에는 활기가 가득찼다. 썰매, 마차를 타고 남녀 고려인, 아이들, 그리고 노인들도 서둔다. 흰 한복을 입은 남자들이 줄줄이 걷는다. (중략), 해가 저물어진다. 추위도 심해진다. 그러나 끝없이 누구는 뛰면서, 주민 모두가 한자리로 모인다.(중략) 넓은 한옥의 마당은 극장이 되었다. 2천명 정도가 모여있는 극장이다. 제5동시베리아 보병 부대의 군인 악단이 연주하는 음악소리와 모인 사람들의 목소리가 함께 들려 아주 혼란스럽다. 모두들 걸려 있는 스크린을 쳐다본다. 거기에는 두 마리의 장닭이 움직이고, 프랑스어가 보인다. 영화관이다. 고려인마을에!. 스크린의 영화를 보는 사람들의 기쁨은 한이 없다. 영회가 끝난 다음 아이들, 여

* Park valentin저, 남정욱 번역, 『남우수리지역의 첫 한인 이주민가족, 자유와 희망의 땅』, 제3부, valentin출판사, 블라디보스토크, 2014, 57-63쪽.

인들, 젊은이들이 서로 이야기를 나누면서, 헤어진다. 단 노인들
만 남는다.

명절의 주인공인 78세, 안드레이 문광열은 중국식으로 장식한 무
대 위에서 다음과 같이 말하였다. "형제들, 우리 모두가 그 때 헐
벗고, 굶고, 포시에트로 올 때, 러시아관리들이 우리를 받아주고,
먹을 것도 주고, 도와준 것을 기억하오? 우리는 벌써 여기서 40년
을 살며 비로소 노인이 되어 굶지 않고 살고 있소. 단 서러운 것은
우리가 못난이 같이 러시아 황제께 고맙다는 인사도 못하고 있소.
황제와 러시아 조국을 위해 죽어도 좋소. 기꺼이 황제가 우리를
기억해 우리 민족도 군대복무를 하게 되었소. 나도 입대를 허락해
준다면 가는데, 이젠 늙어서 일도 못하고 밥만 거져 먹고 있소 나
는 아들이 하나인데 그 아이도 나이가 먹어서 안되오. 그러니 나
는 첫 고려인 병정을 위하여 200루블을 기증하겠소. 고려인 중에
아들이 군대 복무를 한다면 슬퍼하지 말고 기뻐하시오. 하나님 다
음에는 러시아 황제가 제일 고맙소"(중략)

문광열의 결혼 60주년황금결혼식은 1910년녀 11월 25일에 진행
되었다. 이튿날에는 그집에서 고려인들이 돈을 모아 러시아군대
로 복무하러 가는 젊은이들의 환송행사가 있었다. 전송만찬에는
푸칠로프카, 코르사코프카, 크로우노브카, 세넬리니코보 마을 사
람들이 참여했다. 초년병들의 부탁으로 보고로젯스키 신부는 미
사를 진행했다.

라고 하여, 문창범의 아버지 문광열이 자신의 축하행사에 귀
화러시아인답게 황제에 대한 고마움을 표하고 있다. 이어서

우수리스크에서 큰 장사를 하던 문창범 역시 러시아 황제에 대한 충성을 다음과 같이 서약하고 있다.

만찬에서 황제를 위한 축배를 한 다음 문광열 안드레이의 아들 문창범이 연설을 했다. 1868년에 우리의 옛 고향인 조선은 홍수와 굶주림을 가져 온 불행한 사건을 당하였다. 조선에서는 살 수 없어서 우리의 아버지, 할아버지들은 러시아땅으로 건너와 친절한 도움을 받은 결과, 남우수리지역에서 푸칠로프카, 코르사코프카, 크로우노브카, 시넬리코보와 같은 마을들을 이루었다. 이 마을들에서 우리의 아버지, 할아버지들은 농사를 지으며, 우리도 지금 평화로운 노력-농사를 지우며 살고 있고, 우리들을 외적으로부터 지켜주는 군인들은 주로 유럽 러시아에서 온 사람들이다.

1895년에 우리는 러시아 황제덕분에 러시아국적을 취득했으며, 권한을 러시아사람들과 똑같이 갖게 되었다. 이렇게 큰 자비를 베풀어준 우리의 사랑하는 아버지 러시아 황제께 어찌 감사드리지 않겠는가?. 나는 평범한 니콜스크 우수리스크 시민으로 하나님께 너무 감사하며, 제가 정의롭게 모은 돈에서 지방이 필요로 하는 기금에 150루불을 기증한다. 굶주리고 추웠던 우리를 받아들이고, 따뜻하게 해준 러시아정부께 감사하므로 너희, 젊은 세대, 우리의 아우, 우리의 기초, 우리의 자랑과 러시아의 영광, 우리의 보호, 지금은 우리의 러시아 아버지, 황제의 의지로 조국을 옹호하러 나간다. 우리의 러시아황제의 보호와 보관덕분으로 있다는 것은 아주 행복한 일이기 때문에 중히 여겨야 합니다. 우리 할아버지와 부모들은 여기서 행복하고 안전히 늙을 때까지 잘 살고 있고, 저도 이렇게 희귀한 황금결혼식까지 하신 귀중한 부모님들을 모시는데 대해 아주 기쁘다. 너희 우리형제들이 조국과 정부를 위하여 수행하는 의무를 힘들게 여긴다는 것을 잘안다. 우리의 할아버지들과 아버지들도 러시아군에 복무하고 싶어도 나이가 있어서 안되니 너희들이 활발히 군인기술을 배우며, 조국의 땅을 외적과 내적들로부터 옹호하여라. 어려운 일이지만 위대한 영광이로다!. 고향과 집에서 멀리 있어 슬프지만 그러나 하나님이 너희들을 지키고, 옹호할 모든 러시아땅이 가까이 있게 된다. 믿음, 황제, 그리고 조국을 위하여! 너희들을 아버지의 사랑으로 정교황제가 보고 있다. 황제의 위신을 지키며, 너희들에게 의지하는 정교 러시아 인민을 속이지 말아라!. 나는 너희들이 떳떳한 사람들이나 군사기술을 잘 배우리라 믿는다. 그리고 군인생활이 괴롭지 않고, 오히려 밝은 마음으로 하고 집으로 돌아와서 사랑과 감사한 마음으로 군인생활에 대해 너희 자손들게 황제의 사랑과 복종을 하는 것을 가르칠 것이다. (중략) 그럼 친우와 형제들아, 충실히 바르게 근무하길 바란다(중략), 하나님은 모든 선한 일을 잘 도와주며, 우리의 러시아인민은 너희들의 묘기에 대해 노래 부르며 잊지 않을 것이다.

위의 글들에서 보는 바와 같이, 문창범은 부친을 따라 러시아 연해주로 이주하였다. 그리고 푸칠로프카에 정착하여 안정된 삶을 꾸려나간 원호인 가정이었다. 문창범은 원호인으로서 그의 생계와 안정을 위해 러시아황제에게 충성을 맹세하는 원호인의 대표적 지도자였던 것이다. 그는 아마도 1차 세계대전으로 추정되는 1914년, 러시아정책에 적극 호응하여 원호인 청년들에게 러시아군 입대를 적극 홍보하였던 것이다. 그것이 당시 원호인들이 러시아에서 살어갈 수 있는 유일한 길이었기 때문일 것이다. 안중근의사 순국 후 러시아로 망명한 안정근 역시 러시아군대에 입대하여 1차세계대전에 참여한 것은 두루 알려진 사실이다. 러시아군인으로 1차 세계대전에 참전한 귀화조선인들 즉 원호인 청년들의 전쟁 경험은 후일 독립운동, 독립전쟁에도 큰 기여를 하였을 것이다. 베트남전쟁에 프랑스 군인로 참전한 알제리 청년들이 귀국하여 자신의 조국 알제리를 위해 투쟁한 것 역시 넓은 의미에서 이와 궤를 같이하는 것으로 판단된다.

푸칠로프카 전경(임공재 촬영)

제2장

우수리스크 일대의 원호인,
청부업자, 대부호

문창범의 학력에 대하여는 별로 알려진 바가 없다. 그러나 그는 흔히 알려진 것과 달리, 국한문 등에도 능했던 인물로 생각된다. 독립운동가 이인섭이 작성한 『망명자의 수기』, 〈치따서 문창범을 만내서〉에,

문창범씨는 한문으로 된 『익세본(益世報)』, 『신보(申報)』를 들고서 관계치 아니하고 알아보던 것을 심상치 아니하게 보고 감탄하였다. 그 이튼날부터는 오성묵 동지와 같이 그들을 방문하였는데, 그들 3인(문창범, 박창은, 오성묵—필자주)은 구면이었다. 문창범이는 국학문으로 출판된 신문을 잘 낭독하면서 자기가 상해임시정부에 가서 리승만 대통령을 만났는데, 얼굴이 지긋하게 생긴 인물이 영어를 잘 아는 것 외에는 보잘 것이 없다고 하였고, 상해를 떠나 중국 상

선에 있어서 제주도를 지날 적에 지었다는 한문시 풍월 한수를 자
필로 써 놓았다[*]

라고 있듯이, 그는 국한문 신문을 잘 낭독하고, 한문시도 지
을 정도의 학문을 소유한 인물이었다.

즉, 문창범은 원호인임에도 불구하고 러시아어뿐만 아니
라 한문에도 능한 인물이었음은 주목된다. 일반 원호인들이
한문을 이해하지 못하기 때문이다. 그런 그의 능력은 그가
우수리스크를 중심으로 대부호가 되는 기본적인 토대가 되
었을 것이다.

문창범은 중국·한국·러시아의 국경지대에 살면서, 계봉우
가 작성한 아령실기(『독립신문』 1920년 3월 13일자)에

三. 쁘드랴치크
이것은 러시아어인데, 어떠한 작업장에 일하는 사람을 모집하여
주거나 또는 어떠한 관청, 어떠한 군대에 물품을 공급하는 사람을
일컫는 말이다. (중략) 이로 인하여 송상영(松上營)의 문창범 황까피
돈, 지신허의 한익성(韓益星), 맹산동(孟山洞)의 한광택(韓光澤), 화
발표(花發浦-하바롭스크)의 김태국(金泰國), 김두서(金斗瑞), 채두성(蔡
斗星), 이인백(李仁伯)은 다 군대의 쁘드랴치크로 재산을 취득하엿
고 해삼외의 김병학(金秉學)은 포태와 가옥의 건축으로 치부한 사가

<hr />

[*] 한국정신문화연구원, 『한국독립운동사자료집-홍범도편』, 1979, 237쪽.

유하나 성패가 빈수한 중에 작부금빈(昨富今貧)의 탄(嘆)이 업지 아
니하다.

라고 있듯이, 러시아 군대의 뽀드랴치크(청부업자)로 많은 재산
을 모을 수 있었다. 아울러 소고기 청부상* 그리고 질 좋은 아
편이 많이 생산되고 있던 우수리스크 인근 푸칠로프카(육성촌)
을 중심으로 거주하면서** 아편의 생산관리를 통하여도 많은
재산을 모은 인물로 알려져 있다.*** 문창범과 반대파인 독립
운동가 이인섭의 회고록인 <김관수-의병대>에서는 아편과
관련하여 문창범에 대하여 다음과 같이 혹평하고 있다.

육성토호 문창범이라는 자가 지방 행정당국과 밀약하고 약담배 재
배업을 하는데 전권을 가지고 벌금이니 세금이니 하고 농민들에게
서 수다한 현금과 아편을 걷어서 졸지에 부자가 되고 안하무인으
로 행세하게 된 결과라는 깃이 한심한 사실이었다.****

* 불령단관계잡건 시베리아부 2, 1911년 3월 16일 조선인동정에 관한 정보전
  달의 건.
** 박강, 러시아 이주 한인과 아편문제」,『한국민족운동사연구』53, 2007,
   129-140쪽.
*** 국사편찬위원회,『대한민국임시정부자료집』별책 5 95권 국민대표회의 I
    〈러시아문서관자료〉, 대한민국 상해임시정부의 현황 전반에 관해 안공근
    의 4월 29일자 구두 보고에서 안공근은 문창범을 과거에 백정이었고, 아
    편 농장의 소유자라고 언급하고 있다.
**** 김규면,『노병 김규면 비망록』에서는 문창범을 '아편대왕'이라고 칭하고
     있다.

이를 〈김관수의병대〉 기록을 통하여 좀더 구체적으로 보면 다음과 같다.

추풍 지대에서 농민들이 전부 자기 농사에서 약담배를 심는 것이 갑자기 부자가 된다는 허욕이었다. 그러나 사실에는 부자가 되는 것이 아니라 공포·허욕·멸시·협잡·패가망신에 처하는 근원이었다. 약담배(아편) 농사는 법적으로 금지하는 농사였다. 그래서 파종도 비밀리에 하였다. 그러나 이미 나서 성초 된 시에는 행정 당국에서 그것을 베어 던지고서 벌금을 받았다. 그것을 모면하기 위하여서는 경관들과 행정기관 당국들에게 비밀리에서 돈을 주게 되었다. 그리하여 처음 봉변을 면하게 된다. 그 다음 약담배 진을 따서 말리게 되면 다시 금물이라고 행정당국에서 압수하게 되어 또한 뇌물을 관리들에게 주고 약담배를 감추느라고 야단이었다.

빈농민들은 파종 시에 식료 벌금(뇌물)을 토호들이나 중국 상업자들에게서 고리대금으로 쓰고서 약담배 철에 아편으로 물어주자고 하게 된다. 결과 약담배를 따는 때에는 고리대금업자들 빚을 물어 주면 남은 것이 없거나 빚을 채 물지 못하고 멸시·공포에 휩싸이게 되고 그 해 농사까지 폐농하게 된다.

또 한 가지 괴변은 약담배 철에는 중국 홍의적들이 달려들어 약담배를 내라고 주인을 난타하고 심지어 그들을 잡아가지고 산간에 가두고서 돈·약담배·탄환 기타를 가져오라고 하여서 심지어 생명까지 위험한 봉변-불행을 당하였다. 그 뿐 아니라 약담배를 먹고 도적놈이 되거나 기진맥진한 약담배 진골이 되는 폐단도 적지 않았다. 혹시 가을 후에 감추어 두었던 약담배를 팔자고 도시로 가다가 경관들에게 수색을 당하면 아편을 잃고 감옥생활을 하게 되었다.

동삼을 당하게 되면 사추의를 한다고 하는 촌중 주민총회를 모은다. 그 회의에서 늙은이들은 잡기를 금하자고 제의하고, 젊은 얼마우재들은 아무리 금해도 비밀리에 노는 투전·골패를 금하지 말고 내놓고 무슨 잡기든지 하라고 허가해주고 잡기 노는 집에서 세금을 받아서 사에서 쓰자고 주장하여, 결과 잡기방을 키운다고 하여 전 농촌에 골패방·투전방·야바우방·야휘판 기타 러시아·중국·조선 잡기판들이 벌어지게 된다.

그 이튿날부터는 야휘를 써서 1원을 내고 맞으면 36원을 먹어 졸지에 부자가 된다고 아침에 자고 나면 꿈에 뱀을 보면 천룡이 나고, 노파를 보면 장퀴가 난다고, 별의 별 꿈 해몽을 하고 포푼꾼이 오면 야휘를 쓰느라고 야단이다.

집집에서는 포푼꾼을 둘러싸고 남자 여자 얼마우재와 아재비들이 무슨 경사나 난 듯이 서로 다투어 야휘를 쓰느라고 수군덕수군덕하고 있다. 그리고 어떤 아주머님네는 남이 알지 못하게 여러 가지 재물을 차려가지고 산공당(산신당)에 가서 절을 꼬박꼬박하며 손을 싹싹 비비면서 야휘 단문 톨이가 맞게 해 달라고 기도한다.

야휘 주의상이라는 다수 중국 놈도 새벽이면 산공당(산신당)에 가서 붉은 천을 걸어놓고서 치통을 탕탕 튀기면서 단문 톨이가 나지 않게 하고 돈을 많이 벌게 해달라고 빌고 간다.

금방 날이 밝으면 산공당(산신당)에는 수다한 까막까치들이 모여들어서 이밥·국수·떡·보교자·만두·닭고기·달걀·과자 기타 제물 던진 것을 얻어먹느라고 서로 쫓고 날며 덤비게 된다. 그 근방 집들에 있던 '개'무리들이 달려와서 까막까치를 따라 쫓고서 제물 던진 것을 얻어먹느라고 하다가 개들끼리 쌈이 붙어 피투성이가 되어 산공당(산신당) 앞에서 물고 꾸분다.

이 광경을 알게 된 절당중이라고 하는 예수교(희랍교, 그리스 정교회) 목사는 산공당(산신당)에 찾아와서 모조리 부숴서 산산이 집어던지고 그 촌 촌장을 청해놓고서 산공당(산신당)을 만들고 제사를 지낸 사람들을 조사하여 벌금을 받으라고 하여서 스산하고 상스럽지 않은 상태가 전 농촌을 휩싸게 된다.

해삼(블라디보스토크)·소황령(우수리스크) 기타 등지에서 돌아다니던 건달패들은 잡기를 허락하였다는 소식을 듣고서 모여들어서 이 집에는 골패방, 저 집에는 투전방을 벌려놓는가 하면, 윗동리에 야바우판, 아래 동리에는 보바이까판을 열어놓아서 이리 밀려가고 저리로 따라다니며 잡기를 하게 된다.

이 통에 순진한 농민 청년들이 투전꾼들 속임에 걸리어서 처음에는 있는 돈을 솔작솔작 잃어버리고 다음에는 제 집 곡간에서 쌀과 두태(콩과 팥)를 퍼내고 나중에 등이 달아나면 마소까지 팔아서 몽땅 잃게 된다.

결과 집에 있던 늙은 부모-특히 여자들은 못살게 되었다고 손뼉을 짝짝 치며 통곡하고, 건달꾼들은 남을 속이고 돈을 먹었다고 모여서 술을 잔뜩 먹고 취해서 서로 거증하며 싸워서 머리가 터지고 코피를 흘리며 치고 패고 넘어지며 자빠지고, 수라장을 이루다가 그 동리 늙은이들이 하도 기막히고 분이 나서 몽둥이를 들고 일어나서 모조리 짓두디는 통에 달아나게 된다.

이 기회에 돈벌이를 한다고 국수집·떡장사·엿장사·술장사 심

푸칠로프카 한인마을

지어 개장국 장사들이 부스러기 돈냥이나 얻어 가지고, 사실 큰돈
은 야휘주의상, 야바우판을 설하였던 중국 놈들이 (마차에 앉아) 가
지고 가고, 온 동리는 '꿩'을 구워먹고 난 자리처럼 되고 말았다.

이와 같이 로−조(러시아−조선) 양국 문화 · 예절 · 법률 밖에서 살아
가는 그들 장래를 유지한 인사들은 어찌하였으면 그들을 근로자로
교양하겠는가? 하는 과업을 강구하게 된다. 그런데 수풍 4사에서
이와 같은 현상을 나타나게 한 원인 중 하나는 <u>육성토호 문창범이
라는 자가 지방 행정당국과 밀약하고 약담배 재배업을 하는데 전
권을 가지고 벌금이니 세금이니 하고 농민들에게서 수다한 현금과
아편을 걷어서 졸지에 부자가 되고 안하무인으로 행세하게 된 결
과라는 것이 한심한 사실이었다.</u>

문창범의 재산 축적과정과 독립운동과의 관계, 특히 아편 문제 등은 당시의 시대적 상황과 자료의 발굴 등을 통하여 앞으로 좀더 검토의 여지가 있다고 보여진다. 특히 러시아지역의 경우 지역 및 노선, 이념 등의 차이 등으로 인한 갈등, 자유시참변을 둘러싼 대립 등 수많은 변수들이 있어 특히 살아남은 자들의 회고록 등에 대한 신중한 검토 또한 요청된다고 볼 수 있을 것 같다. 아울러 학자들 나름의 사관에 따른 해석 또한 독자들의 신중한 판단을 요한다고 할 수 있다. 그러므로 문창범에 대한 평가 중 일부는 좀더 시기를 기다려야 하지 않을까 한다.

▌ 문창범과 아편-오늘날의 시각으로만 볼 것인가

당시 군자금 마련이 어려운 상황속에서 아편은 군자금의 재원이 되기도 하였던 것 같다. 일본은 러시아 연해주 이주 한인사회가 안고 있는 여러 가지 아편문제와 관련하여 다른 시각에서 경계심을 보이고 있었다. 일본은 1909년 상해에서 개최된 세계 최초의 국제아편회의는 물론 관련 회의에 계속 참석하여 조약에 조인하는 등 아편 및 마약의 남용 방지에 노력할 것을 약속하였다. 그럼에도 불구하고 일본은 식민지 유지를 위한 재원확보와 관련하여 대만과 관동주에서 아편 전매정책을 실시하였다. 또한 중국 동북지역과 화북지역에서 한인의 아편마약 밀매를 암묵적으로 지지하기도 하였다.*

이와 같이 아편의 금지노력에 소극적이었던 일본이 러시아 이주 한인의 아편생산 및 거래에 경계심을 보인 것은 한인의 아편재원이 항일독립운동을 위한 군자금으로 흘러간다는 우려 때문이었다.

당시 러시아 연해주에 거주하는 한인들의 아편자금과 항일운동 재원과의 관련성에 대해서는 일본 외무성측 자료를 통해서도 어느 정도 확인할 수 있다. 1921년 우수리스크 영사가 일본 외무대신에게 보낸 자료를 통해 보면,

··· 당지(우수리스크시*필자주)가 정치적, 경제적으로 동부 시베리아 조선인 세력의 중심지인 까닭은, 선인은 거의 모두 농경의 부업으로, 오히려 주로 앵속을 재배하여 아편을 채취 밀매하여 거부(巨富)를 이루었다. 또한 유식계급이 많고 따라서 배일(排日) 및 한국독립

---

* 박강, 『중일전쟁과 아편: 내몽고지역을 중심으로』, 지식산업사, 1995, 60-64쪽.

운동자의 군자금은 이곳에서 구해짐으로 그들 음모의 책원지이기 때문이기도 하다.

문창범도 홍범도도 역시 이곳에서 제반 계획을 획책하였고 기타 우리 「블랙리스트」에 실린 무리들로서 이곳에 한 번도 발을 들여놓지 않은 자가 없다고 한다.[*]

라고 한 것과 같이 일본은 이 지역에서 형성된 아편자금이 항일독립운동의 군자금과 관련성이 높다고 보아 예의 주시하였음을 알 수 있다.[**]

[*] 「1921년 11월 19일 在니콜스크 영사 杉野鋒太郎이 외무대신 백작 內田康哉에게 올린 글」

[**] 박강 「러시아 이주 한인과 아편문제 - 우수리스크市 부근지역을 중심으로 -」,「한국민족운동사연구」53, 2007.

계몽운동에 뛰어들다
-학교와 민족언론

　러시아로 이주하여 많은 재산을 모은 문창범은 재력가로서 러시아 연해주 지역에 학교 및 민족언론 발전에 기여하였다. 『해조신문』의 기사들은 문창범이 연해주 지역 학교설립과 교육에 깊은 관심을 갖고 있었음을 보여준다. 즉, 문창범은 리포어 명동학교의 찬성원으로, 그리고 영안평(시넬리니코보) 동흥학교 설립 등에도 크게 기여한 것으로 보도되었다. 『해조신문』 1908년 4월 9일자에서는 〈동교점흥(東校漸興)〉이라는 제목하에,

　취풍(다시안재) 영안평(시넬리니코보) 등지에 학교를 설립함은 이미 기재하였거니와 해지에 안준현, 문창범, 김승현, 김형석, 안민학, 강말진, 김민환 제씨가 금액을 다수 의연하고 교사(校舍)를 확

블라디보스토크 개척리

장하매 학도가 운집하고 부근 제동에 노소가 무불찬성 한다더라.

라고 있고, 『해조신문』 1908년 4월 18일자에는 〈추풍미풍
(秋風美風)〉과 『황성신문』 1908년 5월 9일자 〈추풍호풍(秋風好
風)〉이라는 제목하에,

취풍(다시안재) 각처에 거하는 안준현, 문창범, 김승연, 김형석, 김
민환, 안자현 제씨가 발기하여 취풍(다시안재) 각사에 거류하는 동
포가 그곳 야회에 친흥한 것과 야편연 흡취하는 것과 술로 생업하
는 제반 폐습을 모두 끊어버리고, 학교를 확장하며 농업과 상업에
전력하여 공한한 땅에 식묵하기로 규칙을 정하고 상년 겨울부터

실시하다 점차 취서된다 하니, 이로부터 강동에 전일 폐습은 점점 가고 아름다운 사업이 날로 흥왕되니 이와 같이 열심 진취하면 몇 해 안에 큰 효력을 가히 보겠더라.

라고 있고, 『해조신문』 1908년 4월 22일자에는 〈다전재〉라 는 제목하에,

고금 천하 만 년과 동서 누만 리에 허다한 역사를 열람컨대 희유한 종종 사업이 하나로 희유한 인물 가운데로 말미암지 아니함이 없 도다.

이러므로 하늘이 무슨 희유한 사업을 일으키고자 하실진대 먼저 영질한 사람을 이 세계에 보내시니 저 덕국(독일)과 서사국(스위스) 을 볼지어다. 오늘날 무한한 영광이 어찌 우연히 이룬 배리오. 이 는 유림척로(빌헬름 텔)와 비사맥(비스마르크) 같은 희유한 인물에 고 심 열성으로 제조함이라.

슬프다. 이제 우리나라의 형상을 비유컨대 독한 병이 고항에 든 지 세구연심하여 안으로 창자가 썩고 밖으로 전신이 불수되어 실 같은 호흡이 가슴 아래에 있는 듯 없는 듯하여 심상한 의원의 눈으 로 보면 다만 할 수 없다 탄식할 뿐이며, 또 설혹 무슨 용렬한 방문 을 시험할지라도 도리어 기진한 생명만 재촉할지니 불가불 화타, 편작 같은 희유한 상지의 재조라야 가히 집중도 바로 할 것이요, 시약도 맞게 하여 소생키도 기필할지라.

그러므로 오늘날 우리 동포 중에 나라를 사랑하는 여러 군자들이 나라를 위하여 무한히 애쓴 것은 마음에 얼마큼 감사하고 얼마큼

(一) 號五十二第　共東大　日曜水 月一十 三　年九百九千一曆後　日四十二月三 年三 曆隆大

대동공보

진밤셔 송이일쥬일
刊發次二日一週一
다못거안 한취삼학
第六百號

● 론셜 (論說)

大聲疾呼大韓國
魂
前號續

(본문 세로쓰기 기사 - 판독 곤란)

전보 電報

◉ 兵彈出給

◉ 俄伊의 義勇兵

◉ 俄外部의 聲明

◉ 黑山의 勳兵

◉ 黑山國과 奧國艦隊

대동공보

찬성하는 바이나 별로히 희유함이 있다 함을 듣지 못하였으니 어찌 하루 몇 번씩 낙심치 아니하리오. 쓸데없이 해외 절역에서 피눈물로 스스로 탄식할 뿐이라.

시재시재로다. 하늘이 순환한 운명을 우리에게 내려 주심으로 벽력 같은 무슨 소리가 하늘 동편으로부터 취한 자와 잠든 자를 일체로 경성하여 일조일석에 쾌락한 정신을 뇌수에 부어 넣었으니 이는 곧 우리에 사랑하는바 최봉준 씨에 고심 열성으로 좇아 일어난 해조신문이라. 뜬 눈을 다시금 씻고 일편을 다 보지 못하여서 대통 같은 흉금이 창해같이 쾌활함을 깨닫지 못하여 한번 무릎을 치고 크게 소리하여 가로대 사천 년 우리 고국 결단코 말지 아니할진저.

볼지어다. 저 태양이 삼억 일천여 만 리 밖에 있지마는 그 뜨거운 기운이 땅을 태워 만물을 발생케 하나니 이와 같이 해조신문에 단단한 정신이 우리 일반 동포에 피를 끓이는 불이라 할지라. 이 어찌 하늘이 명령하신 바가 아니며 우리 대한 인민 된 자가 뉘 아니 경하하리오. 우리는 더욱 씨로 더불어 일층이나 더 밀접한 감화가 있도다. 연전에 우리 동흥학교를 창설할 때에 씨가 김학만, 문창범, 차석보 제씨로 동력 합심하여 우리 일반 청년으로 하여금 문명 정도에 나아가게 한지라. 이러므로 천단한 학문과 용렬한 변재를 돌아보지 아니하고 다만 감사한 마음으로 이에 축하하노라(김형석)

라고 있는 것이다.

아울러 문창범은 『해조신문』이 1908년 5월 26일 제75호로 폐간되자, 유진률·차석보 등과 함께 『대동공보』 발간에 일정한 기여를 하고 있었다.* 나아가 『대동공보』의 발간이 러시아 주 정부로부터 허가되자, 문창범은 1908년 8월 15일 제1차 발기인 총회에 참석하여 간행을 지지하였다. 이러한 내용은 미주에서 간행된 『신한국보』 1910년 6월 14일자 〈대동공보(大東共報)계 간역사(刊歷史) ●등〉에,

본보가 재정의 곤란과 기타 소요를 인하여 아력 거년 12월 11일부터 정간됨은 이왕 광고하였거니와 아력 1월 11일에 본사 고주 총회를 본 거류민 회관 내에 열고 본보를 다시 발간하기로 결의하고 활자급 기계주인 차석보 씨에게 교섭하여 계약서를 정하였는데 그 계약 내용은 원가 2,350여 원의 활자급 기계를 47 고본으로 본사에 양도하되 만일 신문이 속히 발간치 못하면 활자급 기계를 원주가 도로 가져가기로 함이라.

당일 본항 풍파를 인하여 계간할 기망이 없었으며 또 3월 17일에 본보 관내에서 고주 총회를 열고 최재형 차석보 문창범 3씨가 각 100원씩 내기로 담부하고 다시 발간하기를 결의하였다가 주필의 관계로 여간 충돌이 있어 그 의논을 파함이 본항 청년 10여 인이 금월 1일에 본보 관내에 회동하여 본사의 일체 책임을 당하매 구 고주라도 다시 의연을 내지 아니하는 경우에는 고주의 권리가 없기로 결의하였는데 차씨는 전 계약과 같이 활자급 기계를 본사에 맡겠더라.

---

* 『공립신보』 1908년 10월 21일자 〈海港의 신문 발기〉.

라고 있는 것이다.*

　한편 문창범은 이종호와 밀접한 관련을 갖기도 한 것으로 보인다. 황공도가 안창호에게 보낸 편지, 1911년 7월 18일(4244년 7월 18, 음)은** 이를 반증해 주는 것이 아닌가 보여진다.

---

* 『신한민보』 1910년 5월 11일자 〈대동공보 반갑다〉에서도 문창범이 대동공보를 후원하고 있음을 알 수 있다.

** 天祐中 目的地에 安渡이오며 貴夫人及令胤도 安寧이온지 遠外伏祝不已이오며 一般社會도 더욱 可觀이 有하온지 아무리 생각하여도 我韓興復이 自美洲 基礎하야지 遠東形便은 欲言　咽이외다.

自五兄 離港後로 鍾浩가 無人한 機를 乘하야 獨自處한 主意를 定하고 嚴仁·金益庸 兩氏로 先鋒으로 封하고 其外 無賴輩 數十으로 部下를 삼고 海港에 住屯하야

第一主義는 北派를 組織 西人을 迫滅할 事인대 第一步에 海港에 다니려 온 金成武 氏를 紅義賊으로 數十人 作黨하고 質問하며 딸구고 白元甫를 西人에 代表로 매를 쳐서 出頭치 못하게 하며 鄭(재관)·李(강) 兩氏를 事業妨害者로 流言하며 吾兄은 一大姦雄이며 一大挾雜으로 到處唱言하며 弟는 西道機關으로 敎會에 潛在하야 京北人의 事業을 정탐하며 隱害하는 者니 (김)成武와 元甫는 숏차시나 黃(공도)某는 別策이 無하니 以行爲不正으로 流言하야 一般 韓人中에 致疑하게 하리라하야 流言하기를 鱗星領서도 行淫하다가 딸기워 왓고 또 海港서도 行淫하다가 (김)成武가 牙片까지 먹엿시니 敎中에 두지 못 할 者라고 唱言하매 信聽者 無하야 無效되고

第二步에 僅業會를 台하야 新聞을 차지하고 凡事에 제 主意로 하려다가 一般 靑年의게 攻擊을 當하고 派黨의 苦計로 兪眞律 氏를 꼬이다가 反動으로 當하야 數三週 新聞 停刊을 當하고 兪(진률) 氏가 (김)益庸을 自將擊之까지 하여시대 넉을 일코

第三步에 時民長 金秉學과 金學萬으로 結好하야 京種으로 連絡하야 勢力을 輔하며 文昌範으로 十萬円주여 敎育 實業하기로 成文盟約하고 四處에 致人하야 西派의 信仰을 落케하매 西派라 明言키 難한 故로 美洲에 遊歷한 者는 無非雜이오 無非派心이니 속지 말라 하며 屯港學校를 (김)秉學한테 맛하 가지고 敎育을 擴張한다 聲言하며 弟를 面對하야 直言하기를 "如 (안)昌鎬가 갈 때에 말하기를 내가 가기는 하나 四處에 나의 機關을 多植하여시니 너는 容할 地가 無하리라 하기에 " 對答하기를 "네가 참말로 그러면 나는 너와 갓치 資格은 無하나 나의 숨口로만 가지고도 너의 西道는 搏滅할 수 잇노라" 하고 彼此 說破하엿더니 果然 安(창호) 氏가 가면서 四處에 (이)鍾浩는 許諾은 하고 後施가 업는 사람이라고 紹介하여시며 가만이 西道의 動靜이 無非排我니 좀

즉, 이 편지는 러시아를 방문하고 미국으로 간 안창호에게 블라디보스토크에 있는 황공도가 1911년 7월 18일자로 보낸 편지이다. 이 편지에서 황공도는 이종호가 엄인섭, 김익용 등을 내세워, 북파 즉 함경도파를 조직하여 서파, 즉 평안도파를 박멸하고 있다고 하고 있다. 황공도는 또한 이종호가 민장 김병학과 김학만과 좋은 관계를 유지하며, 서울파와 연락하여 세력을 보완하고 문창범에게 10만원이라는 거금을 주어 교육과 실업에 진력하도록 하였다고 하고 있다. 이를 통하여 볼 때, 문창범은 일반 함경도 출신들과 마찬가지로, 안창호 등 평안도파가 아니라, 이종호로 대변되는 함경도, 서울파와 일정한 연계를 가지며 활동한 것으로 보인다. 이점은 원호인이자 함경도 출신인 그에게 초창기 자연스러운 노선 정립이 아닌가 보여진다. 아울러 문창범은 러시아동포들이 다니는 학교 교육에 기여함으로써 러시아에 살고있는 젊은 세대들로부터 일정한 지지와 호응을 얻게 된 것이 아닌가 한다. 또한 그의 노선과 행태는 러시아에 늦게 이주한 여호인 그리고 독립운동을 전개하는 여호인과 일정한 충돌 가능성을 내재하고 있었던 것으로 보여진다.

블러디보스토크 개척리

제4장

문창범과 홍범도의 엇갈린 시선

　문창범은 당시 국경지대에서 전개되고 있던 의병운동에 대하여는 연해주 지역의 대표적인 부호인 최봉준과 마찬가지로 부정적인 태도를 보였다. 1910년 3월(음력)에는 추풍 자피거우에서 국내진공작전을 준비하고 있던 홍범도가 문창범, 안준현, 최순경, 김가 휘하의 250여 명에게 구금되었다가 러시아군 사령관이 보낸 카자크 병사 8명에 의해서 풀려나기도 했던 것이다. 이에 대하여 독립운동가 이인섭이 작성한 〈김관수-의병대〉에서는 다음과 같이

홍범도

기록하고 있다.

1905년 후 수청 · 보시예트(포시예트) 지방에서는 조선인 의병대를 조직하여 가지고 조선 함경북도에 나가서 일본 강점자들을 반항하여 1909년까지 용감하게 투쟁하였는데, 수이푼 구역 원호촌 토호 문창범 기타들은 조선 인민의 전설적 영웅 홍범도 의병대 운동을 방해하며 심지어 그들을 살해하려고 하는 만행까지 감행하였다.

또한, 1910년 일제에 의해 조선이 강점된 직후인 〈11월 9일 이후 블라디보스토크 지방 배일 조선인에 관한 정보〉에 따르면,

이범윤(李範允)의 호송에 대하여

이범윤은 11월 7일 오전 11시 15분, 열차에서 2인의 헌병 호위대에 의하여 "이르쿠츠크"로 압송되었다. 동인은 러일전역 중 공로가 있다고 인정되어 러시아 정부로부터 특별히 1개월에 100루블을 급여한다고 전해졌다. 이것은 동인 등이 "이르쿠츠크"에서 특별히 생계를 꾸릴 길이 없어 특별히 의식을 관급(官給)한다는 의미가 아니라는 사실을 취조 중이다.

1. 10월 20일 "니코리스크"에서 체포된 조선인 중에는 박의만(朴義萬), "아브라암(アブラアム)", 김(金) 씨의 성을 가진 사람이 있었고, 김 씨는 같은 지역의 조선인 중 유력한 자라고 한다.

박의만(朴義萬)은 별지의 보고에 의하면 박도헌(朴都憲)이라고 한다.

도헌(都憲)은 촌장으로서 연추 최재형 등 즉 추풍 "코르사코프카"(조
선인은 허우(許偶)라고 한다)에 박(朴) 사장이라는 자가 있었고, 적지
않은 토지(地所: 토지)를 가진 부유한 사람이었고 조선인 사이에서
신용도 있었다. 이 자에 대하여 취조 중이다.
상기의 "니코리스크"에서 체포된 6인은 모두 귀화인으로 문창범
[최봉준의 심복이 건아(乾兒)임]의 무고에 의하여 체포되었다. 크
게 분개하여 이에 대한 반대 소송을 제기하였다. *

라고 했다.**

이것은 문창범 개인이 홍범도에 대하여 비판적이었다기
보다 당시 안정된 삶을 유지하고 있던 원호인들 대부분의 입
장이 아니었을까 판단된다. 이 대목은 문창범 등 원호인들이
반민족주의자로서 언급되는 대표적인 사건이다. 문창범의
이러한 태도는 일제의 압력과 회유, 그리고 사업상의 불이
익, 아울러 독립운동에서 방법론의 차이 등이 작용한 것으로
보인다.

문창범과 홍범도는 그후에도 계속 관계가 원만하지 않았
던 것으로 보인다. 1920년대 다음의 기록은 이를 반증해 주
고 있다.

---

* 排日朝鮮人二關スル情報(안창호, 이갑 등 이상설과 회견)[헌기(憲機)제
 2418호 ; 1910.12.6.] (일본외교사료관자료).
** 불령단관계잡건-조선인의 부-재서비리아 2 〉 노령 추풍 및 블라디보스토
 크지방 폭도 상황 1911년 5월 30일.

러시아 거주 불령선인 영수 홍범도는 현재 하바로브스크의 한족공
산당 군무 총사령으로서 동지를 규합하는 데 힘을 쓰고 있다. 홍
범도는 예전부터 사이가 안 좋았던 문창범이 최근에 치타 정권*의
신뢰를 잃어 실의에 빠진 상황을 기회로, 치타정부에게 조선인 의
용독립단의 조직을 인정시키고자 치타로 가는 계획을 세우고 있다
고 한다. 그리하여 홍범도는 곧 열리는 태평양회의에 조선의 독립
문제를 상정하기 위해 조우천(趙禹泉)이라는 이름의 부하를 미국에
몰래 파견하여 미국에 거주하는 한족 사이에 알선운동을 시도하고
있다. 한편 10월 중순에 조선에서 소요를 발발시키기 위해 민심을
선동할 목적으로 부하 약간 명을 이미 서·북 간도, 특히 압록강
과 두만강 연안 방면에 보냈으며, 자신은 서서히 지린성(吉林省)으
로 진출하여 동지를 규합하면서 시기를 기다리는 자세를 취하고자
고안 중에 있으므로, 지린성 내 유력 조선인에게 이미 선전적 인
쇄물을 발송했다고 한다.

문창범과 이범윤, 홍범도의 갈등관계를 어떻게 이해할 것
인가. 이 부분은 구한말의 시대적 상황과도 연계하여 생각해
볼 수 있을 것 같다. 구한말 국내에서도 계몽운동세력과 의병
세력이 일정한 갈등이 있었음은 주지의 사실이다. 경상북도
안동의 경우, 유림들이 계몽운동사들이 세운 협동학교를 공

---

* 극동공화국(Dal'nevostochnaya Respublika, 1920.3~1022.11)을 가리키
  는 듯. 극동공화국은 일본의 시베리아 출병에 대항하기 위해 소비에트 러시
  아가 건국한 국가로, 일본의 철수에 따라 소비에트에 통합되었다.

격하기도 하였던 것이다. 이러한 양세력간의 갈등은 러시아 연해주지역에서도 산견된다. 러시아지역의 대표적인 독립운동가인 최재형과 최봉준의 경우에서도 이를 짐작해 볼 수 있다. 최재형은 두만강 인근 국경지대인 연추에서 동의회를 조직하여 의병투쟁을 전개하였고, 최봉준은 블라디보스토크에서 해조신문을 창간하여 계몽운동을 전개하였다. 한편 이범윤과 홍범도의 경우 두사람 모두 의병투쟁을 전개하였음에도 불구하고 갈등이 있었다. 두사람 간의 갈등구조는 당시까지 남아있던 계급적 차이 등과도 연계해 볼 수 있지 않을까 한다.

구한말 러시아에서 있었던 의병투쟁과 계몽운동세력과의 갈등 구조는 1910년 일제의 조선 강점이후 봉합된 것 같다. 특히 러시아로 이동한 신민회 세력이 중요한 역할을 한 것이 아닐까 추정된다. 즉, 신민회로 대표되는 안창호 등 새로운 세력이 러시아로 들어오면서 최봉준, 문창범과 최재형, 홍범도로 대변되는 양대세력 역시 일정한 타협을 보인 것이 아닌가 판단된다. 두 그룹의 권업회 참여도 이러한 관점에서 해석할 수 있지 않을까. 지나치게 두사람의 대립을 계급적 차원이나 원호인, 여호인 등의 관점에서 보는 것은 좀더 검토의 여지가 있다고 보여진다. 앞으로 보다 심도있는 연구가 필요한 주제이다.

『홍범도일지』에 보이는 원호인과 여호인의 갈등

1908년에 연추(노우키에프스코에) 나가서 이(이범윤) 관리라 하는 자를 보고 조선서 김충열·조화여 두 사람을 어떻게 보니까 일본 탐정으로 보셨는가요 한즉, 그자의 말이 나는 그런 줄 저런 줄 모르노라고 한즉 그러면 그 사람들 어찌하여 주루만에[тюрьма(쮸리마-감옥)] 가두었든가요. 그 대답에 비쎄기[документ(서류)] 때문에 갇혔다고 대답한 소문이 낭자하니까 연추(노우키에프스코에) 주민들이 이범윤 죽일 놈이라고 누구든지 아니 욕할 자가 없었다.

그 후에 최재형 연추노예 김운경 이자들이 서로 반대파가 일어나므로 1909년에 추풍 허커우 와서 도로 고려로 나가려 하는 때 소황령(소왕령, 니콜스크 우수리스크)에 있는 최원세가 올라와서 극력 주선으로 말리며 내가 주선하여 차려 내보낼 터이니 걱정 마시고 계시라고 말리니 할 수 없이 있었으니 최원세 각처로 다니며 원조하여 수천 원으로 모집하여 가지고 허커우 올라와서 박기만으로 총무를 정하고 김제현으로 부총무를 정하고 김왕윤으로 재무를 정하고 1910년 3월 6일로 고려로 나가려고 맹세하였으니 조물이 시기하여 박기만 놈이 원조돈 1,800원을 쓰고 내놓지 아니하므로 재피거우에다 회를 불러놓고 박기만·김왕윤·김재형 절땅 노예 김아부람 다 불러놓고 회의를 불렀다.

1910년 3월 11일에 회의 문제는 각 총무며 재무 각 임원으로서 다수한 금전을 거둔 것을 보고에 얼마나 도합된다는 총무의 보고, 무장을 얼마나 싸서 어디다 둔 것. 문제는 그뿐.

총무의 보고에 전후 4,980원으로 무장 30병에 2,180원이 들었다고 보고에 나타나고, 탄환 3,800개를 1,100원 주고 산 것입니다. 그 나머지 남은 것은 의병들 비쌔기 300장에 800원 주고 내게 하였고, 그 남아 있는 돈 내가 한 달 통영하고 썼습니다. 이렇게 되니까 우리의 일은 망태기 되었구나 하고 내가 밸이 뿔이 나서 회의고 뭐고 이 종자들 모조리 때려죽이고 말아야 하겠다 하고 달려들어 박기만을 단개에 쳐서 주검을 만들고 회의가 망태기 되었다.

그 며칠 후에 추풍 사사원 호놈들 추겨 가지고 나를 죽이자고 취군하여 올 때 이범윤의 군사적 관리병이라고 하였습니다. 그 군대가 척후병이 되었었고 다리안재 안준현이고 육성 최순경이고 허커우 김가네 다수고 박가네 다수고 문창범 도수하여 250여 명이 취군 작정하여 자피거우 박문길 집에 달려들어 나를 결박하여 가지고 왕거우 유새장 집에다 가두고 무수한 매를 치면서 이범윤에게 보고를 써서 해삼(블라디보스토크)으로 보내되 이 홍범도를 죽이는데 관리자의 명령이 있고야 죽이겠습니다. 써보내니 그 보고를 깔고 회답도 하지 아니한 고로 14일을 죽지 않으리만큼 수천 매를 맞고 14일 만에 소황령(소왕령, 니콜스크 우수리스크) 군대 사단장이 알고 까삭까 8인을 왕거우 어구서부터 총질하면서 올라와 나를 결박한 것을 풀어놓고 30여 명을 붙잡아 갔으니 요행 목숨이 살아 데리고 다니던 군사 30여 명을 죽게 만든 동무들 데리고 총을 사가지고 고려 무산에 나가 일병 놈과 쌈하여 군사 17명을 죽이고 일병 하나 죽고 패하여 산간으로 도망하여 이틀 먹지 못하고 굶어죽게 된 때에 북사령으로 갑산 있던 일병 42명이 넘어오는 거 목을 잡아다가 한 개도 남지 않게 다 잡고 두 사람 죽고 열네 놈 생금하여 싹 죽이고 무장 40개, 단총 4개, 코코 두 개, 폭발 14개, 군량 세 바리, 탄환 칠천 개, 탄자 50개 앗아가지고 깊은 산페에 들어가 4일을 그놈들에게 앗은 구벙이개에다 끓여 먹으면서 있다가 그 남은 것을 나눠 지고 무산 왜갈림에 나와 야밤 삼경 일본 병참소 달려들어 폭발로 치며 총질하여 죽이고 불을 놓아 놓고 밤으로 도망하여 백두산으로 행하여 장백부로 행하다가 종성읍에서 20리 나와 그곳이 모를 데인데 일병과 접전하여 진종일 쌈하다가 그놈들에게 포위되어 의병이 다 잡혀가고 나는 빠져 도롱봉으로 하여 내도산으로 안도현으로 길림에 들어와서 차 타고 도로 러시아에 들어와서 해삼(블라디보스토크) 와서 부리딴에서 커우대 메기 시작하여 삼·사삭을 벌어먹다가 금점 딴뚠(안군)에 들어가 양년을 금점하여 번 돈이 1,400원을 가지고 나와 추풍 당미재 골짜기에서 약담배도 심고 곡식도 심었다가 미깔래 어리방이까 가서 일 년을 벌다가 구리바로점(Курбадт,꾸르바트)으로 중구 식가점으로 비양고점으로 연드리스까점으로 돌아다니며 번 돈이 3,050원을 가지고 이만 나와서 오연발 한 개에 탄환 100개씩 끼워 9원씩 주고 사서 중국놈에게서도 사고 고려 놈에게서도 사고 러시아에서도 사서 의병을 모집하여 17개를 싸매고 봉미산 김성무 집팡에 가서 고려로 나가지 못하고(하략),

원호촌과 여호촌*

이 자료는 독립운동가 이인섭이 작성한 〈김관수 의병부대〉로, 러시아에서의 원호인과 여호인의 갈등관계를 가장 여실히 보여주는 기록이다. 이인섭은 국가보훈부에서 간행한 『독립유공자공훈록』에,

평안남도 평양(平壤)에서 빈농의 아들로 출생하였으며 1907년 2월~1911년 10월 평남 맹산군(孟山郡) 일대에서 김관수의진에 참가하여 의병부대장의 서기로 활동하였다. 1910년 7월 홍남구와 함께 만주지역 석두하자(石頭河子), 횡도하자(橫道河子), 목릉지방 일대에서 간민회 지방회를 설립하는 활동을 전개하였다. 1913년 이인섭은 러시아 극동지역으로 이주하여 활동하였으며 1915년 노령(露領) 블라디보스토크에서 이동휘(李東輝), 김립(金立)과 함께 권업신문(勸業新聞)을 발간하고 한인들을 위한 학교를 설립하여 교육운동을 전개하였다. 1918년 4월 하바로프스크에서 개최된 한인사회당(韓人社會黨) 제1차 대회에 참석하여 중앙위원회 위원이 되었다. 1919년 12월 중한몽일혁명위원회(中韓蒙日革命委員會) 위원을 역임하였으며 1921년 11월~1923년 12월 이만 한인유격대 정치위원, 1924년 1월~1925년 12월 중한 합동야체이카 서기 등으로 활동하였다.

_____
* 출처: 김관수 의병대.

정부는 고인의 공훈을 기려 2006년에 건국훈장 애국장을 추서
하였다.

라고 있듯이, 김관수의진에 참여하여 의병부대장의 서기
로 활동한 인물이다. 즉 이인섭이 자신이 속한 의병부대에
대하여 서술한 것이므로 상당히 신빙성이 있다고 보여진
다. 다만 서술부분 가운데 극단적으로 표현된 측면도 있어
보인다. 계급적 관점이 혹 반영된 것은 아닐까 조심스럽게
접근할 필요도 있어 보인다. 독자들의 편의를 위해 필자가
제목은 임의로 작성하였다.

아재비. 다투재, 얼마우재

1913년 가슬(가을)이었다. 주표술 씨가 찾아와서 수이푼면 조
선인 원호촌으로 가서 동삼을 나자고 하여서 황거우촌에 가게
되었다. 차르 러시아에 입적하고 개간치 않은 황무지 15일경
씩 받아가지고 생활하는 농촌을 '원호촌'이라 하고, 입적치 아
니하고 러시아 토호들 밭을 화리로 얻어 농사하는 조선인 빈농
민 부락을 '여호촌'이라 하였다. 수이푼강 연안 대단재[신엔니
크(시넬리니코보)] · 육성[부칠놉크(푸칠로프카)] · 허커우[꼴싸곰크
(코르사코프카)] · 황거우[골오노크(크로우노브카)] 원호촌들은 부유
한 조선 농촌이었다.

그런데 그 내막을 자세히 관찰하면 한심천만한 러시아 문화와 조선 문화 밖에 형성된 참혹하고 비참한 풍속을 이루어 놓았다. 처음 그곳에 와서 황무지를 개척하고 생계를 시작하였던 조선태생 기사년 흉년에 살길을 찾아 그 곳에 와서 개척하였던 주민들은 모두 늙어서 기진맥진하여서 사망하니 사회생활에 참가치 못하였다.

그의 아들들 그곳에서 나서 자란 청년들이 단지 로어(러시아어) 소학교에서 공부하여 조선 지식이나 예의 기타는 전혀 알지 못하고 러시아 문화기관이나 인사들과 연계를 잃은 그 청년들은 조-로(조선-러시아) 문화생활에서 낙후되고 부모들이 피땀으로 이뤄놓은 부유한 생활을 하면서 노동하기는 싫어하고 고용자들을 착취하는 방식으로 농사를 짓고 자기들은 술을 마시고 잡기를 노는 것으로 세월을 보내었다.

원호사람 토호들 집에는 '아재비'라고 명칭하는 고용 노동자들이 적으면 4-5명, 많으면 10명인데 그 중 제일 튼튼하고 믿음직한 자를 '다투재'라고 하고, 그 나머지 노동자들은 다투재 지도하에 노동하게 되는데, 봄 파종을 시작하여 타곡까지 필하여 주고야 100원을 받았다. 그들은 단지 농사만 짓는 것이 아니라 그 집 돼지를 기르고 어떤 집에서는 음식까지 하였다.

그 집 젊은 주인들은 양복을 입고 구두를 신고 모여 다니면서 골패·투전 잡기를 놀고 술을 마시며 심지어 악담배를 피우는 자도 있었다. 그리고 어떤 자들은 조선 동포를 만나면 빗새기를 채종하거나 기타로 트집을 하다가 구타·질욕하는 것이 그들의 자랑거리고 행세였는데 당시 그들을 가리키어 "얼마우재(둘째 러시아인) 사바구(구주) 고지 노릇을 한다."는 전설이 있었다.

원호인과 여호인의 갈등

얼마우재라는 원호사람들과 여호 조선동포들 사이에는 어떠한 갈등이 있던지 이러한 전설이 유행하였다.

육성에서 대단자로 넘어가는 길 역에서 원호집 여자가 김매고 있는 고용자를 보고서 "지금 아재비 둘하고 사람하나 가는 것을 보지 못하였소?"하고 물으니 그는 대답하기를 "금방 사람 둘하고 '개'하나가 가는 것을 보았소." 하니 그 여자는 못들은 척 갔다고 하였다.

그뿐인가. 추수를 필한 후에는 얼마우재들이 자기 집에서 잡기를 놀기 시작한다. 주안을 갖추어 놓고서 자기 집 고용자들을 처음에는 술을 권하여 술이 취한 후에 잡기를 놀아서 일 년 동안 노동한 임금을 몽땅 잃게 하고 투전꾼 건달이 되게 한다. 간혹 아재비들이 잡기를 아니 놀면 어떤 악당들은 자기 계집과 약속하고 아재비가 제 계집과 상관한다고 생트집을 하고 생명을 앗아 뺏거나 슬그머니 달아나게끔 하는 흉계를 하였다. 당시 어떤 토호 늙은이는 자기 며느리를 보고서 말하기를 "금년 다투재 가삭은 요즘에 투전을 놀아 탕감하였지만 적은 아재비는 술도 아니 먹고 잡기도 아니 노니 어찌할 도리가 없다."고 하니 며느리년은 대답하기를 "아버님 근심 마시요. 제가 벌써 담당하려고 합니다." 하니 시아버지는 "아! 작년에도 자네 신세를 졌는데 금년까지 어찌 자네 신세를 지겠는가?" 하였다는 말이 있었다. (하략)

제5장

일제의 조선 강점후 권업회와 노령이주 50주년 행사 참여

    1910년 일제에 의해 조선이 강점된 후 연해주 한인사회의 민족운동자들은 보다 현실적이고도 장기적인 독립운동 방략을 구상하게 되었다. 그리하여 당시 20만 명에 가까운 대규모 한인사회를 바탕으로 1911년 12월 19일 블라디보스토크 신한촌에서 권업회를 조직하게 되었다. 이때 권업회를 대표하고 실질상 운영 책임자가 되는 의사부 의장에는 이상설, 부의장에는 이종호가 선임되었다.

    권업회의 목적은 연해주 한인사회의 이익을 증진시키는 '권업'(경제) 문제와 독립운동을 강력히 추진하는 '항일'(정치) 과제를 결부시키는 양면전술을 취하면서 최종적으로는 독립을 달성하는 것이었다. 권업회는 중앙조직을 완비한 뒤, 곧이어 연해주 전역에 걸쳐 지회를 설치하였다. 대표적인 지회

블라디보스토크

로는 우수리스크·하바로프스크·니콜라예프스크·이만 등을 들 수 있다. 문창범은 『권업신문』 1913년 7월 20일자 〈권업회 정기 총회〉에,

> 권업회 금년도 하반기 정기총회는 예정과 같이 아래 지난달 三十일에 해 회관 안에서 개회하였는데 회원 七十여 명이 출석하였고 각 지회 중 소왕령지회(니콜스크 우수리스크지회) 대표자 문창범, 장생일 양씨와 영안평(시넬리니코보)지회 대표자 이영생 제씨가 출석하여 의결사항을 당일에 마친 후 폐회하고

라고 있듯이, 1913년 6월 30일에는 하반기 정기총회에 우수리스크 지회의 대표로서 참석하고 있으며, 또한 『권업신문』 1914년 1월 11일자 〈소왕령(니콜스크 우수리스크) 권업회 총선거〉에,

> 권업회 소왕령(니콜스크 우수리스크) 지회에서는 지난 三일에 선거총회를 열고 임원 총선거의 결과 회장 김야곱프, 부회장 김시약, 총무 안미학, 재무 김려직, 서기 한창근, 김삼흔 (의원제겸), 의원 문창범, 장성일, 김도엔디, 검사원 황두진, 김발세니, 박뜨로핌, 박와실리, 김이반, 교육부장 문창범, 실업부장 김인학, 종교부장 김박홍 제씨더라.

라고 있듯이, 1914년 1월에는 우수리스크지회의 의원 겸 교육부장으로 선출되기도 하였던 것이다. 아울러 그는 『권업신

문』1월 11일자 〈이갑 씨 신병 치료비 의연청구서〉에서 볼 수 있듯이, 독립운동가 이갑의 신병치료비 청구서 발기인으로도 참여하여 동지의 안위를 살피는 일에도 적극 나서고 있었다. 또한 『권업신문』1914년 4월 26일 〈특별광고〉를 통해, 한인의 러시아이주 50주년 행사에 러시아지역 귀화한인의 대표이며, 한인이주 50주년기념 최고 지도자인 최재형과 함께 100루블을 희사하고 있음을 알 수 있다.

권업회 시절 문창범의 정치적 성향에 대하여 살필 수 있는 기록은 거의 없다. 다만 이인섭이 작성한 〈최고려 자서전을 연구하다 나의 소감〉에,

이상설은 이범윤 문창범과 상의하여 한말 러시아사관학교에 파견되어 공부하고 있던 자들을 시베리아 각지 헌병대에 통역으로 근무케 하였는데, 이들을 거의 기호파 인물들이었다 한다.

라고 있는 것을 통하여 볼 때, 문창범은 당시 기호파들과 가깝게 지냈던 것 같다. 그런데 당시는 기호파가 구덕성을 비롯하여 여러 청년들이 헌병대에 근무하고 있는 이점을 활용하여 서도파와 북도파 인사들을 탄압하고 있던 시점이었다.*

* 반병률, 『성재이동휘일대기』, 101-102쪽.

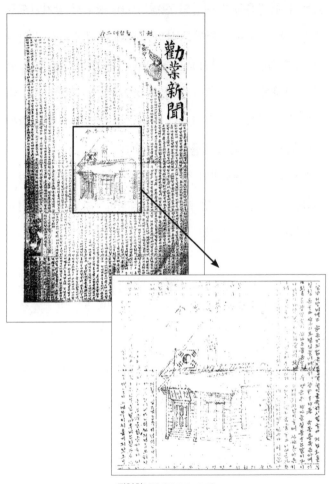

권업회(권업신문1913.12.19)

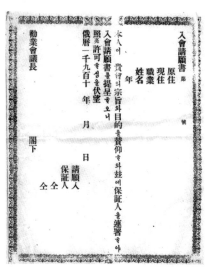

권업회 입회청원서

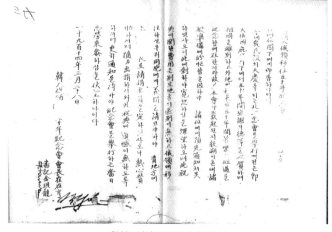

한인노령이주 50주년기념문서

권업회에서는 1914년 러일전쟁 10주년을 맞이하여 러시아
의 일본에 대한 복수심이 절정에 이르러 다시 개전할 조짐이
있자 대한광복군정부를 조직하고자 하는 한편, 노령 이주 50
주년 기념 대회를 개최하고, 그 시기를 이용하여 재러 한인
의 민족의식을 고취시키고 군자금을 모금하고자 하였다. 그
러나 이 해에 제1차 세계 대전이 발발하여 이러한 시도는 실
패하고 말았다.

한인 이주 50주년 기념에 대하여 『권업신문』에 구체적인
과정에 대한 기사가 많이 실려 있다. 1914년 1월 4일자에는
「루령거류오십년기념」이라는 잡보를, 1914년 1월 11일자에
는 「한인의 류령이쥬오십년」이라는 논설을 싣고 있다. "한국
인이 1864년에 지신허의 모퉁이로 이주한 지 50주년을 맞이
하여 1913년 6월경부터 이를 기념하기 위한 움직임이 있다
가 총독의 승인을 얻었다"고 밝히고 있다. 그리고 그때를 맞
이하여 한인 이주의 역사를 서술하고 기념될 만한 일을 준비
하고자 하였다.

권업회에서는 제2차 지방 대표 위원회를 소왕령(우수리스크:
필자주) 권업회 회관에서 열고 각 지방 대표위원 30여 명이 참
여한 가운데 기념 예식 절차와 예산 등을 결정하였다. 여기
에 따르면 기념식은 블라디보스토크에서 러시아력 1914년 9

월 21일에 하기로 하였다. 이는 사실 한인이 최초로 이주한 지점은 지신허 이나 편의상 블라디보스토크에서 하기로 한 것이며, 날짜의 결정은 러시아 측 기록에 노브고로드 지역장이 연해주 지역 총독에게 지신허에 한인이 이주한 것에 대하여 공식적으로 처음 보고한 날이기 때문이었다. 또 기념일에는 러시아 황제의 은혜에 감사하는 의미로 포시에트에 알렉산드르 2세, 알렉산드르 3세, 니콜라이 2세의 기념비를 1914년 9월 28일에 세우기로 하였다. 그리고 기념비는 포시에트에 세우되 러시아력 동년 9월 28일에 입비식을 거행하기로 하였다.

기념 예식에 참여할 인원은 각 지방에서 파송한 대표원과 개인들의 뜻대로 하되, 러시아 각지에 있는 각 학교의 학생은 권업회에서 여비를 제공하여 참석하도록 하였다. 그리고 미주와 중국 지역에 있는 한인 단체에도 청첩장을 보내어 참여하도록 하였다. 이는 젊은 한인들에게 민족의식을 고취시키기 위해서였는데, 그 점은 러시아 치타에서 대한인국민회 시베리아지방총회의 기관지로 간행된 『대한인정교보』 10호(1914년 5월 1일 발행)에 실린 논설 「한인아령이쥬 오십년긔념에 대ㅎ야」에 잘 나타나 있다. 그리고 기념회에서는 한인의 50년 역사를 한문과 러시아어로 편찬하고자 하였다. 아울러 논문

신한촌 전경

작성에 필요한 자료 수집을 위해 관계 기관, 직원, 노인들에게 서류, 사진, 회고록 등을 제출하도록 하였다.

한편 축제일에는 연해주 곤다티 총독을 비롯하여 이 지역의 주요 인사들을 초대하고, 그 식순은 다음과 같이 하기로 하였다. 1. 개회, 2. 황제 폐하에 대한 충성의 표현, 3. 축사, 4. 역사 논집 낭독, 5. 행사 기관의 위원회 성립 공시, 6. 존경하는 시민에게 역사 논집의 견본 증정, 7. 축전, 축하 편지 등의 낭독, 8. 러시아 국가 제창, 9. 폐회 후 손님들에게 차 대접, 10. 피로연 개최 등이다. 여기서 주목되는 것은 러시아의 공식 인가를 받은 권업회가 주체이므로 러시아 황제에 대한 충성, 그리고 러시아 국가 제창 등이 행해졌다는 점이다.

권업회에서는 한인아령 이주오십년기념회의 명예 회장에

포드스타빈(В. Г. Подставин) 박사를 추천하였으며, 회장은 최재형, 서기는 김기룡, 재무는 한세인이 각각 담당하였다. 그러나 이 행사는 제1차 세계 대전의 발발로 개최될 수 없었다.

문창범은 한인이 러시아로 이주한 지 50주년을 맞아 준비되었던 '한인 아령 이주 50년 기념회'의 임원으로 활동하며, 1914년 3월 28일 지방 대표원회에 참석하여 100원을 의연하였다.

제6장

격동의 시기, 전로한족회 중앙총회 회장이 되다

1917년 2월 러시아혁명이 발발하자 한인들은 한인사회의 결집을 위해 대규모 회의를 소집하였다. 대회를 소집한 목적은 러시아령 한국인사회의 자치적 대표기관을 창설하는데 있었다. 문창범은 최재형 등과 함께 9명의 발기인 가운데 한 사람으로 참여하였다.*

대회는 그해 5월 21일부터 30일까지 우수리스크시에서 개최되었으며, 전로한족회중앙총회라는 상설적 중앙기관을 조직하였다. 이 단체는 러시아 귀화 한국인이 그 중심이 되었

---

* 〈불령단관계잡건-조선인의 부-재서비리아 6〉 노령 한인협회에 관한 건 1917년 6월 4일. 한편 1917년 4월 중순경 이동휘는 러시아 헌병대의 한인정탐 구덕성에게 체포되어 블라디보스토크 군감옥에 수감되었다. 독일정탐, 중동철도 파괴공작의 주도인물이란 혐의였다. 이동휘의 체포는 일본이 사업상의 이해관계를 갖고있는 원호인 부호들을 협박한 결과로 보고 있다(반병률, 『성재 이동휘일대기』, 130–131쪽).

우수리스크 전경

(24)　ニコリスク停車場(本停車場は東清鐵道及烏蘇里鐵道の分岐驛なり)

NIKOLAYEVSK STATION.

우수리스크 정거장

다. 대회결의 중에는 한국어신문을 간행하는 문제도 포함되어 있었다.* 우수리스크시에 신문사를 설립하고 일주일에 2회씩 발간하기로 결정했다. 이 결정에 따라 발간한 신문이 『청구신보』인데, 창간호는 7월 7일에 발간되었다. 이 신문은 전로한족회중앙총회의 기관지였으며, 따라서 귀화인의 의견을 충실히 반영하는 것이었다. 문창범은 최봉준, 전 보리스 등과 함께 창간위원으로 선출되었다.**

볼셰비키 혁명이 발발한 직후인 1917년 12월, 러시아령 연해주의 한인들은 우수리스크에서 귀화인과 비귀화인 모두가 참여한 전로한족회중앙총회를 개최하였다. 이 총회에서는 중앙기관인 7명의 의원으로 구성된 의원회를 두고, 이 의원회에서 회장 부회장을 선출하였는데 이때 문창범은 회장으로 선출되었다. 문창범은 함북 출생으로 어려서 부모를 따라 러시아령으로 이주하여 자수성가로 상당한 재산을 모았던 적도 있으며, 최재형과 더불어 한인사회에 양대 인물로 추앙받던 인물이었다. 때문에 문창범이 회장으로 선출된 것은 귀화인과 비귀화인 모두에게 적합한 인선이었다. 또한 문창범은 1917년 8월 우수리스크에서 이동휘·유동열·양기탁 등 러

* 임경석, 『한국사회주의의 기원』, 역사비평사, 2004, 55-57쪽.
** 박환, 『러시아지역 한인언론과 민족운동』, 경인문화사, 2008, 225-231쪽.

시아령 간도의 유력한 독립운동가 7-8명을 초치, 러시아인 볼셰비키가 참석한 회의에서 볼셰비키 세력과의 제휴의 필요성을 주장하기도 하여, 비귀화인 지도자들과도 협력관계에 있었다.*

전로한족회중앙총회는 1918년 6월 13일 우수리스크에서 지방대표와 각 단체대표 130여 명이 참석한 가운데 제2차 총회를 개최하였다. 현재 독립기념관에 제2회 특별전로한족대표회의 회의록이 보존되어 있으며 총 53면으로 구성되어 있다. 전로한족 중앙위원회위원장 문창범, 부위원장 김립, 서기 김게오르기 등의 성명을 확인할 수 있다. 회의록에는 상세한 회의일정과 내용을 담고 있어 당시 한인사회의 정황과 독립운동의 전개상을 확인할 수 있다. 제1회는 회의록이 없어 자료적 가치를 높이 평가할 수 있다

대회개막에 앞서 극동소비에트 정부 수상 크라스노쇼코프가 축하연설을 하였다. 그는 러시아령 한인들과 볼셰비키의 협력을 역설했다. 이 연설에 대해 참석자들은 만장의 박수갈채로 응답했다. 그러나 원호인 세력의 지도자로 꼽히는 전로한족회중앙회장 문창범은 크라스노쇼코프의 소비에트 정부

---

* 반병률, 「대한국민의회의 성립과 조직」, 『한국학보』 46, 1987, 126-133쪽.

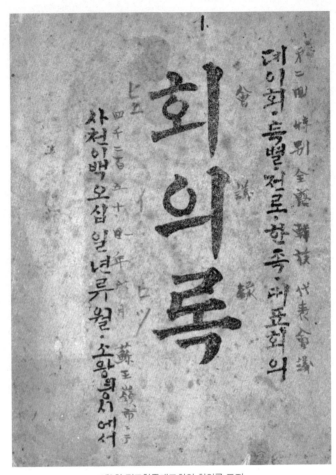

제2회 전로한족대표회의 회의록 표지

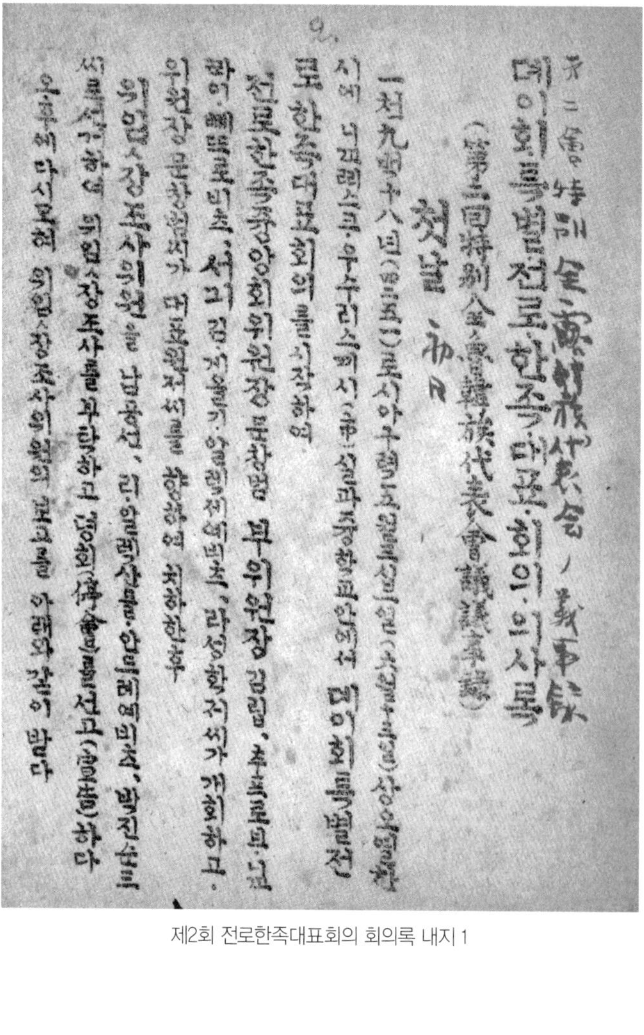

제2회 전로한족대표회의 회의록 내지 1

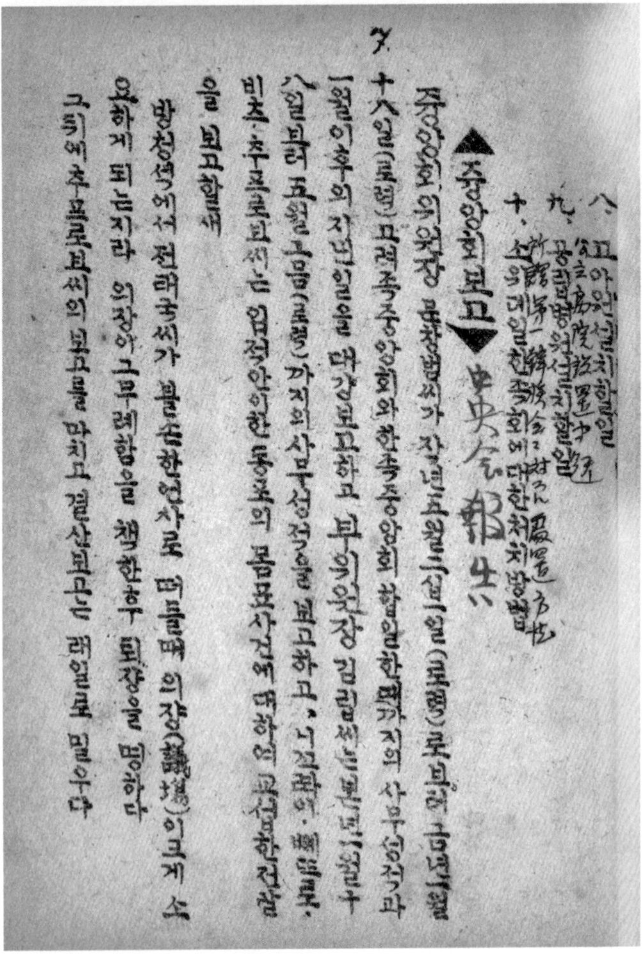

제2회 전로한족대표회의 회의록 내지 2

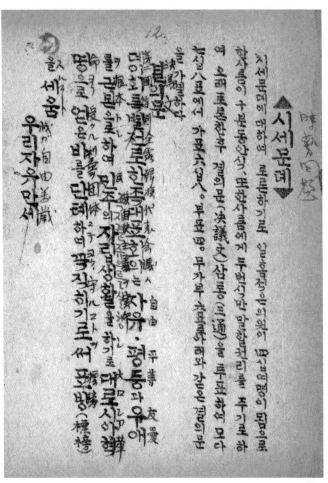

제2회 전로한족대표회의 회의록 내지 3

에 대하여 내심 불만이었다. 이 박수갈채가 "크라스노쇼코 프의 현 지위에 대한 경의에서 나온 것이지 반드시 과격파의 주장을 찬성한다는 표현은 아니다"라는 부정적인 반응을 보 였다고 한다.[*]

2차 총회는 비귀화과 귀화 한인의 대부격인 이동휘와 최재 형을 명예회장으로 추대하고, 회장에 문창범, 부회장에 윤해 를 선출하였다. 또한 대회에서는 자유만세, 러시아혁명만세, 사회주의 만세결의와 한인의 정치적 중립을 선언하였다. 정 치적 중립을 선언한 것은 시베리아의 정치적 상황의 불확실 성과 귀화인과 비귀화인의 정치적 입장을 절충한 결과라고 보여진다.

한편, 1919년 2월 25일 우수리스크에서 전로한족회중앙총 회를 중심으로 러시아령, 간도 및 국내의 대표들이 모여 전 로국내조선인회의가 개최되었다. 이 회의는 새로운 국제정 세에 대응하여 러시아령과 중국령내 한인들의 의사를 집약 하기 위한 것이었다. 이 회의에서는 독립선언서의 작성과 발 표, 만세운동을 비롯한 독립운동 방략의 수립, 그리고 이를 추진할 주체로서 대한국민의회를 조직하는 것들을 의논하였

---

[*]　임경석, 위의 책, 75쪽 : 반병률, 「대한국민의회의 성립과 조직」, 『한국학보』 46, 1987, 134-135쪽.

전로한족회중앙총회 개최장소(2차)

다. 이 회의에서 문창범은 김치보·김하석·장기영 등과 함께 대한국민의회 조직을 발기하였고, 대한국민의회는 전로한족회중앙총회를 확대 개편하는 형식으로 조직되었다. 그리고 1919년 3월 17일 대한국민의회의 명으로 독립선언서를 내외에 발표함으로써 대한국민의회의 성립을 공식적으로 선포하였다. 이 조직은 국내외를 통하여 임시정부의 성격을 띤 최초의 조직으로서 의미가 크다고 볼 수 있다.

대한국민의회에서는 의장에 전로한족중앙총회 회장인 문창범, 부의장에 김철훈, 서기에 오창환을 선출하였다. 문창범은 의장으로서 대한국민의회의 권위를 대내외적으로 대표하여 대외적인 문제와 내정, 외교를 관장하는 최고 책임자였다. 러시아령의 한인들은 문창범을 대통령으로 별칭하였다.*

---

* 반병률, 「대한국민의회의 성립과 조직」, 『한국학보』 46, 145-149쪽.

우수리스크 근처
한인마을의 도리
깨질 하는 모습

우수리스크 한인마을에서
말을 이용하여 곡식을 연마
하는 모습

우수리스크 한인
마을의 아이들

문창범집 추정지(우수리스크 체체리나47번지)

제7장

파리강화회의 대표선정을
주도하다

문창범은 1918년 12월 국내에서 만주를 거쳐 온 이춘숙(李
春塾)을 만나 동경유학생과의 연락문제, 파리강화회의 대표
파견 문제 등 독립운동 전반에 대하여 논의하였다. 이어 동
경유학생들로부터의 통신연락이 있었고, 동경유학생 대표가
직접 러시아령에 와서 이와 같은 문제로 문창범을 만나기도
하였다.*

1919년 1월초 러시아 중동철도 연선지방으로부터 집결한
한인 2백여 명이 우수리스크에서 우수리스크한족회 대회를
개최하고 시국에 대해 협의한 후 한족대운동회 명목으로 태
극기를 내세우고 시내를 행진하였는데, 주둔 일본군은 이 시

---

* 반병률, 「대한국민의회의 성립과 조직」, 『한국학보』 46, 143쪽.

위를 해산하고 태극기를 압수하였다. 이 시위를 주도한 한인들은 전로한족회중앙총회 회장인 문창범과 안정근·박두우 등이었다.*

이어 문창범 등 러시아령의 독립운동세력은 소약국회의에 참가하고 있던 박용만을 지원하는 한편, 파리강화회의에 대표를 파견하기도 하였다. 파견 대표는 문창범이 최재형 등 핵심간부들과 논의한 결과, 1919년 1월 27일 전로한족회중앙총회 상설의회에서 윤해와 고창일을 파견대표로 내정하였다.

파리강화회의 파견대표로 이동휘·최재형·문창범 등 '수령급(首領級) 인사'들을 파견하려던 당초의 계획이 윤해·고창일로 교체된 것은 러시아지역 독립운동세력의 파리강화회의에 대한 전망과 밀접한 관련이 있다고 보여진다. 당시 전로한족중앙총회 회장으로서 파견대표 선정과정에서 주도적인 역할을 한 문창범의 다음과 같은 발언에서 그 논리적 근거를 찾을 수 있다.

> 파견 당시 여러 가지 설이 있어서 나와 최재형·이동휘 등도 그 후 보자로 헤아려졌지만, 당시 파리에는 세계 각 방면으로부터 한인

---

* 불령단관계잡건-조선인의 부-재서비리아 7〉[독립시위운동에 관한 건] 1919년 3월 19일. 반병률, 「3·1운동 전후 러시아 한인사회의 민족정체성 형상과 변화」, 『한국근현대사연구』50, 2009, 114쪽.

파리9구에 있는 샤토덩에서 촬영한 파리 외교위원부 윤해(중앙) 고창일(왼편)(출처: 한불통신)

대표자를 파견하는 모양이었기 때문에 러시아령에서의 파견자도 다만 그들간에 끼여 일을 함께 할 수 있다면 족한 것으로, 요컨대 우리의 의사를 발표함에 그쳐 우리 희망의 성패 여부는 반드시 우리 대표자의 책임으로 돌아올 것이 아니다. 따라서 영어 · 프랑스어 등 외국어를 해득하고 다소 교육이 있어 세계의 정세에 통하면 가하였다.[*]

또한 문창범은 대표파견운동의 결과에 대하여도 열강들이

---

[*] 불령단관계잡건-조선인의 부-재서비리아 7〉[독립시위운동에 관한 건] 1919년 3월 19일.

일본과 전쟁을 하면서까지 한국의 독립문제를 관철시키지 않을 것이라고 판단하고 있었다. 이에 파견대표의 활동도 결과적으로는 실패로 끝날 것이라고 예상하였다. 즉, 문창범은 블라디보스토크 일본영사 키토(木藤)와 인터뷰에서,

> 우리는 당초부터 세계와 일본의 입장에 비추어 파리사절이란 것을 결과로 예상하였다. 만약 평화회의에서 우리의 志願을 채용하여 일본에 대하여 한국독립허가를 강요하여도 일본이 그것을 받아들이지 않고, 干戈를 探하여 항거함에 당하여 열국이 과연 병력을 가지고 일본을 압복하기까지 한국을 위하여 진력할 결심이 있겠는가, 그것은 묻지 않아도 자명한 이치이다.[*]

라고 하였다.

---

[*] 강덕상, 『현대사자료』 27, 205쪽.

■ 미국에서 전해진 파리강화대표회의 소식

제1차 세계대전이 종전되면서 윌슨에 의하여 전후 처리의 기본 원칙으로 민족자결주의가 발표되자 약소국지도자들은 이를 크게 환영하였다. 그리하여 파리강화회의에 크게 주목하는 한편 1918년 12월 초순부터 뉴욕에서 세계약소민족동맹회의 제2차 연례총회를 개최하여 약소민족자결주의 원칙에 따라 파리강화회의에서 약소민족을 독립시켜야 한다고 결의하고자 하였다. 이 소식에 접한 미주지역의 동포사회에서는 파리강화회의와 세계약소민족 동맹회의에 대표를 파견하여 조선의 자주 독립을 주장하고자 하였다. 이에 1918년 11월 25일 대한인국민회 중앙총회장 안창호는 임원을 소집하여 이승만, 민창호(閔讚鎬), 정한경(鄭翰景) 등을 소약속국동맹회의에 참석자로 지명하고 정한경, 이승만을 파리행 대표로 임명하였다.* 또한 뉴욕에 근거지를 두고 있던 김헌식(金憲植)은 1918년 11월 30일 비밀리에 신한회 총회를 개최하고 미국 대통령과 국무부, 그리고 상하원에 제출할 결의 선언문을 작

___

* 방선주, 「재미한인과 3·1운동」, 『한민족독립운동사』 3, 국사편찬위원회, 1988, 484-485쪽, 499쪽.

성하였다.* 그러나 이승만, 정한경 등 파리대표파견은 여권이 발급되지 못하여 실패로 돌아가고 말았으며,** 다만 제2차 소약속동맹회의에만 대표를 파견할 수 있었다. 즉 1918년 12월 4일 오후 뉴욕 맥알파인 호텔에서 열린 제2차 소약속국동맹회의에 신한회에서 김헌식이, 그리고 대한인국민회에서 민찬호, 정한경 등 2명이 참석하였던 것이다.***

한편 미국에서 재미동포들의 활동이 활발해질 무렵인 1918년 11월 경 러시아지역에 있는 동포들의 상황은 그리 원만하지 못하였다. 1918년 8월이후 일본을 비롯한 연합국의 러시아혁명에 대한 무력개입으로 백위파정권이 득세하게 됨으로써 한인민족운동은 침체기에 빠져들게 되었기 때문이었다. 이에 러시아에서의 한인대표기관인 전로한족회중앙총회는 콜챠크가 시베리아에 대한 통치권을 장악하게 되는 1918년 11월에는 중앙체제를 변경하여 지방연합회 대표로 구성되는 한족상설의회(韓族常設議會)를 설치하였다.****

이러한 시기에 미국에서 활발한 활동을 전개하고 있던 미

---

* 방선주, 「김헌식과 3·1운동」, 『재미한인의 독립운동』, 한림대학교 아시아문화연구소, 1989, 321-322쪽.
** 이상일, 「3·1운동이후 재미한인 독립운동의 전개」, 『3·1운동과 열강의 반응』, 3·1운동 80주년 학술회의, 한국정치외교사학회, 26쪽.
*** 방선주, 「재미한인과 3·1운동」, 490쪽
**** 반병률, 「대한국민의회의 성립과 조직」, 『한국학보』46, 140-141쪽.

주 대한인국민회 중앙총회는 이승만, 안창호 등 대한인국민회 대표를 파리로 파견한다는 내용을 한족상설의회에 전달하는 동시에 파리에도 러시아지역 대표를 파견할 것을 요청하였다.* 당시 1차 세계대전의 종결과 더불어 한족상설의회의 경우도 언론 보도를 통하여 파리강화회의 소식을 접하고 있었다고 생각된다. 그리고 그들은 민족자결주의의 논리가 과연 우리 민족에게도 해당될 것인가 또는 우리 민족도 능히 이러한 민족자결주의를 의사로서 발표할 수 있을 것인가 등에 관하여 논의하였을 것으로 추정된다.**

이처럼 침체기 속에 있던 한족상설의회에 미국 대한인국민회로부터의 윌슨의 민족자결주의에 대한 소식과 약소민족회의에 대한 소식은 어려운 가운데서도 한족상설의회가 독립운동을 새롭게 모색하는 계기를 제공해 주었던 것이다. 특히 이 가운데서도 러시아 지역에서 활동하고 있던 대한인국민회 세력의 경우 미주 대한인국민회에서 연락을 받았을 것이고*** 아울러 노령지역에서의 파리대표 파견 등에 대하여

---

* 국회도서관, 『한국민족운동사료』(3·1운동편 3)(이하 국회 3으로 약함), 1979, 49쪽.
** 1921년 5월 10일자 『동아공산』 제14호에 실린 김규찬의 「북간도고려인 혁명운동략사」를 보면 북간도지역의 독립운동가들이 파리강화회의 소식을 듣고 이러한 생각들을 했다고 하고 있다. 이에 러시아 지역의 동포들도 비슷한 생각을 하였을 것을 추정된다.
*** 당시 미주 대한인국민회 세력은 약간의 회원이 있는 정도로 별 세력을 갖

많은 기대를 갖고 있었을 것으로 생각된다. 그러나 한족상설의회의 중심인물인 문창범 등 함경북도 출신 인사들은 파리 대표파견과 정부조직 등을 염두에 두고 그들의 위상을 이 기회를 통하여 보다 확고히 다지기 위하여 비밀리에 자신들의 주도로 그 이후의 대표파견과 정국구도를 구상하였던 것으로 생각된다.* 그리하여 서울파(京派)인 조완구(趙琬九), 이동녕 (李東寧) 등과는 논의조차 하지 않았으며, 안정근(安定根) 등** 황해도, 평안도파와는 일련의 의논이 있었으나 그들의 의견을 따르지 않았던 것이다.***

지 못하였다. 대표적인 인물로는 정재관을 들 수 있다(1918년 10월 1일 재노령불령선인의 현황에 관한 보고의 건, 일본외무성 사료관 소장 자료, 분류번호 432 2-1-2, 불령단관계잡건, 재서비리아 조선인 부, 이하 언급 생략)

* 강덕상편, 『현대사자료』27, みすず書房, 1970, 173쪽.
** 안정근은 안중근의 동생으로 제1차세계대전시 러시아군에 입대하여 장교로 복무하였으며, 제대후 니코리스크에서 벼농사를 지어 크게 성공하였다(송우혜, 「독립운동가 안정근의 생애」, 『박영석교수회갑논총』, 1992, 750-756쪽.
*** 강덕상편, 『현대사자료』27,173쪽.

■ 파리강화회의 파견대표의 결정-미국에 대한 기대

한족상설의회에서는 파리강화회의에 한인대표를 파견하기로 하였다. 특히 주목되는 것은 한족상설의회에서 중국과 노령지역이 연합하여 대표를 파견하고자 하였다는 점이다. 즉 미국에서 이 소식을 접한 한족상설의회는 12월 상순 중국과 노령이 연합하여 대표를 파리강화회의에 보내어 독립을 요구하자는 통첩을 북간도에 보냈던 것이다. 이에 북간도에서는 장동에서 비밀회의를 개최하고, 한족상설의회의 통첩에 동정을 표하고, 대표의 여비를 비밀히 모집하였다.*

미주에서의 한인들의 활동과 당시 국제정세에 고무된 러시아 지역 한인들은 우수리스크 한족회 주관으로 우수리스크에서 1919년 1월 초순 노령과 동청철도(치치하얼-블라디보스토크)연선지방에 거주하는 동포 200여명이 참석한 가운데 대규모 한인대회를 개최하였다. 이 모임에 참여한 중심인물로는 문창범(우수리스크 한족회 회장)을 비롯하여, 한영준(韓永俊, 러시아 육군 장교 출신, 우수리스크), 안정근(우수리스크), 원미항(元美恒,

---

* 『동아공산』 14호 1921년 5월 10일자 김규찬이 쓴 「북간도고려인 혁명운동략사」

러시아 육군 장교 출신, 연추), 안장근(安莊根, 穆陵縣),박산우(朴山友, 스파스크) 등을 들 수 있다.*

문창범은 주지하는 바와 같이 한족상설의회와 우수리스크 한족회의 중심인물이고, 안정근은 안중근의 동생이며, 안장근은 안중근의 아버지인 안태훈(安泰勳)의 형인 안태진(安泰鎭)의 둘째아들이다.** 즉 우수리스크, 스파스크, 연추 등 러시아지역 대표와 만주의 목릉현 대표들이 그 중심을 이루고 있으며, 그 중에서도 문창범 등 우수리스크 세력이 중심을 이루었다고 할 수 있다. 다만 여기에 지역적으로도 가까운 블라디보스토크 신한촌 민회 세력이 참여하고 있지 않은 것이 주목된다.

우수리스크 모임에 참석한 대표들은 미국에서의 재미교포들의 활동에 대한 보고를 듣고 우수리스크에서 비밀회의를 갖고 노령재류선인의 대표자를 프랑스로 파견할 것을 결정하였다. 즉, 전노령조선인 대표자로 이동휘를, 그리고 재동청철도연선지방(在東淸鐵道沿線)지방 대표로 백순(白純)을, 시베리아 귀화인 대표로 연추 한족회 회장 최재형을 그리고 조선국내 대표로 상해에 있는 이용(李鏞)을 각각 선정하였던 것이

---

* 1919년 2월 8일 노령 목릉지방에 있어서의 선인의 독립운동에 관한 건
** 송우혜, 앞의 논문, 751쪽.

다. 아울러 수행원으로 박상환(朴商煥)을 결정하였다. 그는 간도 명동소학교 교사출신으로 불어에 능통한 인물이었기 때문이다*

노령지역 대표로 이동휘가 선정된 것은 문창범 등 한족상설의회의 함경도 출신들이 세력의 반영이라고 할 수 있을 것이다.** 또한 당시 한족상설의회의 국제정세관과도 밀접한 관련을 맺고 있었던 것이 아닌가 한다. 일찍이 재러동포들은 독일과*** 러시아 볼셰비키에 대한 기대가 컸다.**** 그러

---

* 국회 3, 49-50쪽.

** 문창범 세력으로 파악되는 인물로는 문창범(함북), 원세훈(함남 영흥), 김만겸(함북경원), 고창일(함북 경원), 남공선(함남 원산), 윤해(함남 영흥) 등을 들 수 있다(국회도서관, 『한국민족운동사료(중국편)』(이하 국회 중국으로 약함), 1976, 357쪽), 윤해 및 고창일 공적조서, 국가보훈처)

*** 1918년 8월 28일 노령 니코리스크(우수리스크: 필자주) 부근 배일선인의 행동에 관한 건에 따르면 다음과 같은 기록이 있다. 일본군이 블라디보스토크에 상륙하자 노령 니코리스크를 중심으로 하여 그 부근의 조선인들에게 항일의식을 고취하던 중심인물인 이홍삼, 김창식, 고명수, 진단산(진학신), 김상복, 최수오, 최종우 등 수십명은 8월 12, 13일 경 급히 이르크츠크, 요하현, 이합빈, 애혼현, 유수현 등으로 향하였다. 그들은 먼저 이르쿠츠크에 있는 독일첩보국에 교섭해서 자금을 구해서 앞서 언급한 각 지방에 흩어져 있는 조선인들을 규합해서 독립군의 후원에 의해서 연해주에 상륙한 일본군을 격퇴하고 신한국을 건설하며, 고려족의 독립을 계획하고 있다. 독일에 대한 기대를 보여주는 기록으로는 1918년 8월 14일의 시국에 관한 불령선인의 행동에 관한 건에서도 잘 나타나고 있다. 즉1918년 7월 21일 니코리스크에서 독립운동가 39명이 모여 일본의 군사행동을 저지하기 위해 이르크츠크에 이강, 이민복, 정재관, 정익수, 임보혁 등을 파견하고 있음을 보여주고 있다.

**** 홍범도, 이범윤, 이윤, 전일, 유상돈, 유동열 등은 러시아 볼셰비키의 도움을 받아 시베리아에 출병한 일본군과 전투를 전개하고자 하였다. 특히 전일과 유동열은 각각 100여명을 이끌고 하바로프스크 부근에서 전투를 전개하여 30여명이 전사하였다고 한다. 또한 양기탁, 주진수, 김동우, 김

나 당시에는 재러한인들은 미국에 대하여 큰 기대를 갖고 있었던 것이다. 즉 재러동포들은 제1차세계대전에서 독일이 반드시 승리할 것이라고 믿고 전후 독일의 보호에 의해서 한국의 독립을 생각하였다. 그 결과 노령 또는 만주 방면에 있는 독일 탐정들과 밀접한 제휴관계를 맺고, 연합국측에 대항하고자 하였다. 그러나 독일이 패배함으로서 그 꿈은 사라지게 되었다. 이에 재러동포들은 미국에 기대를 갖게 되었다. 미국은 풍부한 물자와 재력을 가지고 제1차세계대전에 참여하여 중요한 역할을 담당하였다. 이에 재러동포들은 미국이야말로 약소민족의 구세주라고 믿고 미국에 기대를 걸었다. 한편 미국의 시베리아 출병과 관련하여 결국 미국과 일본이 전쟁할 것으로 기대하고 금후 일본을 제압할 수 있는 나라는 미국이라는 생각을 하게 되었다.* 이러한 가운데 우수리스크에 있는 한족중앙위원회에서는 미국에 있는 동지를 통하여 미국대통령의 후원을 얻을 것이라는 설이 유포되어 있었다. 그리고 또한 미국에서 활동하고 있는 박용만(朴容萬)은 블라디보스토크에 있는 장기영(張基永)에게 서신을 보내어 러시아에

좌두 등은 러시아 볼세비키와 상통하여 무기를 제공받고 있다(1918년 10월 2일 배일선인의 행동에 관한 건)

* 1918년 12월 2일 배일선인의 미국에 대한 의향 등에 관한 건.

있는 동지들이 미국군대의 용달(用達)이 가능한가를 타진하기도 하고, 한국에 있는 미국인 교회에서 최근 러시아 지역에 살고 있는 조선인들에게 전도를 하기 위하여 1명의 미국인 선교사를 블라디보스토크에 파견하려고 하는 의논이 있다는 등 미국에 대한 많은 기대감이 있었던 것이다. 그 결과 러시아지역 독립운동가들 뿐만 아니라 일반 동포들도 미국을 숭배하고, 미국에 의한 한국의 독립을 생각하고, 파리평화회의에서 미국대통령에 의한 한국독립제의가 있을 것으로 기대하였다. *

재러한인들의 미국에 대한 기대는 기독교를 신앙하고 있는 이동휘를 파리에 파견하는 것이 보다 효과적일 것으로 생각하게 하였을 것이다. 또한 이 회의에 참여한 인적구성도 그 한 요인으로 작용하였을 것이다. 이 모임에 참여한 인물들은 노령 각 지역과 목릉지역에 산재해 있는 기독교신자와 영국, 미국인이 경영에 관계하는 교회 소속의 학생들이었다. 즉, 기독교와 관련된 인사들이 주로 참여하였던 것이다. 이 점 또한 이동휘가 노령지역의 대표로서 선정되는 데 한 요인으로 작용하였을 것으로 추측된다. 파리대표로 선정된 이동

* 1918년 12월 7일 배일선인의 미국에 대한 의향에 관한 건

휘는 동청철도를 거쳐 상해를 경유하여 파리로 갈 예정이라고 알려지기도 하였다.*

한편 최재형은 전시베리아에 거주하는 귀화인들에 의하여 추대되었다.** 즉 이 모임의 중심인물인 러시아 육군 장교 출신인 귀화한인, 한영준, 원미하일 등이 주장하였을 것으로 생각된다. 그리고 이용의 경우는 함경도 출신으로서 부친 이준에 대한 추모열기가 러시아지역에서 대단하였고, 헤이그 밀사에 이어 파리강화회의에 이준의 아들이 참석한다면 홍보효과 역시 크지 않을까 하는 고려에서 그가 상해에 있음에도 불구하고 국내대표로 선정한 것이 아닌가 추정된다. 그리고 동청철도연선지방의 대표 백순의 경우는 대종교 세력의 지지와 목릉현에 거주하는 안정근의 입장이 고려된 것이 아닌가 추정된다. 백순은 충남 논산출신으로 1909년 중 형사피고인 사건으로 북간도로 망명하여 활동하다가,*** 1915년 10월부터 중동선(中東線) 해림참(海林站)에서 활동하였으며, 1918년말경에는 밀산부(密山府)에서 대종교지도자로서 일하고 있었다.****

---

*   1919년 2월 5일 강화회의와 조선독립운동에 관한 건
** 국회 3, 49-50쪽.
*** 조선총독부 경무국, 『國外における容疑朝鮮人名簿』, 246쪽.
**** 독립운동사편찬위원회, 『독립운동사』 4, 179쪽; 1918년 10월 1일 재러블라디보스토크령선인의 현황에 관한 보고의 건에서 백순을 대종교수령이라고 언급하고

한편 우수리스크에 모인 사람들은 시국에 대한 협의를 마친후 한족대운동회(韓族大運動會)라는 명의하에 태극기를 앞세우고 우수리스크 전역을 돌아다니며, 조선의 독립을 추구하였다. 이에 놀란 일본 군대는 이를 전원 해산시키는 한편 태극기를 몰수하였다. 그러자 한인들은 미군 군헌들에 교섭하여 태극기를 반환받게 되었다. 이러한 일이 있게 되자 미국에 대한 기대감은 더욱 고조되었으며, 파리강회회의에서 민족자결주의에 의해 독립될 수 있다는 확신을 갖게 되었고, 또 이러한 말들을 동포들에게 선전하는데 열중하게 되었다.*

　　사태가 여기에 이르자 1918년 8월 이후 동부시베리아지역에 백계파가 우세하여 한때 침체기에 들어갔던 러시아지역의 한인 독립운동세력은 다시 적극적으로 독립운동을 전개하고자 하였다. 특히 재러동포들은 미국동포들과의 통신을 통하여 빈번한 연락관계를 맺고 활동하고 있었던 것이다. 즉 재러동포들은 재미동포들의 요청 및 투쟁방략에 따라 일본에 대한 투쟁을 전개하고자 하였다. 미주동포들은 재러동포

　　　　있을 정도로 그는 대종교의 중심적인 인물이었다. 당시 대종교는 러시아의 블라디보스토크, 우수리스크, 만주의 간도, 밀산부, 소수분 지방에 그교세가 강하였고, 각 지방에 관리자를 배치하였다. 블라디보스토크에는 고평, 우수리스크에는 이민복, 밀산부는 백순, 소수분은 진단산(진학신)이 담당하였으며, 이들은 모두 유력한 독립운동자들이었다.
*　1919년 2월 8일 노령 목릉지방에 있어서의 선인의 독립운동에 관한 건

들이 시베리아방면에서 일본군과 충돌해야 하며, 이때 동포 중의 일부는 비참한 최후를 맞이해야 한다. 그리고 이것으로 써 미국군대 내에 동정을 일으켜 파리강화회의에서 이 문제 가 제기되어야 한다. 이를 위하여 재러동포들은 분발해야 한 다고 하였던 것이다. 아울러 재러동포들은 시베리아에 주둔 하고 있는 미군들에게 종종 한인들의 절박하고 애처로운 사 연을 말하여 미군들의 동정을 일으키고자 하였다.* 또한 우 수리스크 한족회는 미군 육군 장교를 비밀고문으로 하여 각 지방회와 연락하여 세력을 증대시키고자 하였다. 또한 일본 과 미국과의 개전설을 퍼뜨려 미국에 대한 강한 기대감을 보 이고 있었던 것이다.**

지금까지의 검토를 통하여 우수리스크 회의에서는 파리강 화회의 대표를 선정하였고, 시베리아에서 문제를 야기시켜 한국문제를 파리강화회의의 의제로서 채택되도록 하고자 하 였으며, 한국의 독립과 관하여 재러동포들이 미국에 대해 상 당한 기대감을 갖고 있었다는 사실을 알게 되었다. 또한 이 러한 노령지역 한인들의 계획은 재마한인들과의 밀접한 관 련성 속에서 이루어지고 있었다는 사실 또한 파악하게 되었

---

* 1919년 2월 8일 노령 목릉 지방에 있어서의 선인의 독립운동에 관한 건
** 1919년 1월 27일 노령정보 휘보

다. 우수리스크 회의에서의 대체적인 결정 내용과 그 구상이 차후에 이루어지는 1919년 2월 7일 우수리스크회의와 2월 25일 회의를 통하여 보다 구체화된다고 할 수 있겠다. 그런 의미에서 1919년 1월 초순에 우수리스크에서 개최된 회의는 러시아 지역에서 전개된 3·1운동과 관련하여 중요한 의미를 갖는 것이라고 할 수 있다.

한편 1919년 1월 초순의 우수리스크대회 이후 노령지역에 살고 있는 동포들은 미국에 대한 강한 기대감과 더불어 파리강회회의에서 한국은 반드시 독립할 것이라는 생각을 갖게 되었다. 이에 1919년 1월 12일에 발간된 한인신보에서 김하구(金河球)는 「자유의 신년」이라는 제목하에 평화회의에서 한국이 독립할 것임을 주창하였다.*

그후 우수리스크 한족상설의회의 중심인물인 문창범 등은 강화회의의에서의 러시아 한인 대표의 위상에 대하여 재검토하게 되었던 것 같다. 그들은 곧 파리파견 대표를 윤해(尹海)와 고청일(高昌一)로 변경하였다. 그것은 파리에 도착할 경우 윤해 등에게 평화회의, 국제연맹, 소약민족회의에 참여하되, 각처에서 온 국민대표와 합동동작하란 출발 당시의 명

---

* 1919년 2월 7일 강화회의와 조선독립에 관한 건

령* 을 통하여도 짐작해 볼 수 있다. 즉 문창범 등은 파리강화회의에 각 지역에서 많은 조선인 대표들이 참석할 것이며, 그 한 일원으로서 러시아 지역의 대표가 활동하는 것으로 인식하였던 것이다. 그리하여 문창범 등은 1919년 1월 15일 윤해와 고창일에게 규정된 서류와 여비를 주고 아울러 파리강화회의에 참석할 방도는 대표단이 상황에 따라 처신할 것을 통고하였던 것이다.**

---

* 국회 중국, 194-195쪽.
** "DE COREE A PARIS EN DIX MOIS, par GO-TCHANR et YOUN-HAI, UN VOYAGE A LA JULES VERNE de Corée a Paris en Dioc Mois", Je sais tout(1920년 3월호, No.172, 1920.3·15발행) 291쪽. 한글 제목은 「쥴 베른느 식의 어떤 여행:10개월에 걸친 한국에서 파리로의 여정」이다. 1975년 4월 9일자 조선일보 두한인밀사 시베리아황단 10개월(상) 참조. 조선일보 1975년 4월 9일, 11일, 13일자에서는 한국방송공사 국제국장인 韓櫓 씨가 파리 고서점가에서 발굴한 잡지 Je sais tout(1920년 3월호, No.172, 1920.3·15발행)에 게재된 러시아한인대표 고창일과 윤해의 글 「서울에서 파리까지-주르 베르느식 대륙횡단영행 10개월」을 3회에 걸쳐 독점 연재하고 있다. 이 글에는 윤해와 고창일의 파리로 출발이전 상황과 파리로의 여정, 그리고 대한국민의회에서 발행한 한국민 해외여행권 등이 실려 있어 대한국민의회의 성립 시기와 파리로의 여정 등을 이해하는 데 큰 도움을 주고 있다.

■ 우수리스크회의 개최와 파리강화회의 대표 파견

(1) 1919년 1월 29일 한족중앙회 상설위원회 개최

한편 우수리스크 한족상설위원회에서는 1월 29일 상설위원회를 개최하고 파리강화회의 대표를 최종적으로 확정하고자 하였다. 1월 초순 비밀리에 이동휘, 최재형 등을 선출한 후에 신한촌 민회로부터 김보, 최재형, 한용헌, 최만학, 이동휘, 서오성 등 중에 대표로 선정하자는 의뢰도 있었다. 이러한 가운데 상설위원회에서는 표면적으로 이동휘, 최재형, 유동열 등을 파견대표로 고려하였다.* 유동열은 평북 박천출신으로 대한제국 육군참령출신으로 신민회 등에서 활동하였으며, 1911년 105인 사건으로 연류되어 옥고를 치루고 1913년 출옥 후 만주로 망명하여** 1918년말에는 하바로프스크에서 활동하고 있었다.*** 그의 출신지가 평안도인 것으로 보아서 안정근 등 평안도파가 추천한 것이 아닌가 한다. 그러나 위원들 가운데에는 귀화인 중 젊고 능력있는 인물인 김보와 김알렉

---

* 1919년 2월 18일 강화회의와 조선독립운동에 관한 건
** 국가보훈처, 『독립유공자공훈록』8, 1990, 441-442쪽.
*** 독립운동사편찬위원회, 『독립운동사』4, 1983, 178쪽.

세이를 파견하자는 제의도 있었다.* 김보는 앞서 언급한 바와 같은 인물이며, 김 알렉세이는 아지미 출신으로 1899년 카잔대학을 입학하여 졸업한 후 연해주에서 구(區) 재판소 판사로 있다가 현재 옴스크재판소에서 일하고 있던 인물이었다.**

그러나 회의에서는 젊은 사람은 일본측이 거금으로 매수할 경우 매수당할 가능성이 크므로 항일경력도 있고 연배로 있는 사람이 바람직하다는 견해가 우세하여 이동휘, 최재형, 유동열 등을 예비적으로 선출되었다. 그러나 이들이 대체로 함경도출신이므로 평안도파인 안정근은 평안도 파 1인을 더 선정하자고 주장하였다. 이에 대해 문창범과 안정근 사이에 논전이 벌어졌으며, 최재형의 중재로 원만히 해결되는 듯하였다.***

그러나 주지하는 바와 같이 1919년 1월 15일 경 파리강화회의 대표에는 윤해와 고창일 등 함경도파가 선출되었으며, 2월 5일 이전에 파견되었다.**** 윤해는 함남 영홍 출신으로*****

---

* 1919년 2월 18일 강화회의와 조선독립운동에 관한 건
** 1919년 2월 7일 강화회의와 조선독립운동에 관한 건
*** 1919년 2월 18일 강화회의와 조선독립운동에 관한 건, 1919년 3월 13일 이강이 미국에 있는 송종익과 안창호에게 보낸 편지에서도 파리파견 인물선정에 있어서 함북인과 평안도인 사이에 암투가 있었다고 언급하고 있다.
**** 1919년 2월 10일 블라디보스토크로 부터의 전보, 『현대사자료』 27, 173쪽.
***** 윤해 공적조서참조(국가보훈부 소장)

1910년 초에 러시아 연해주로 망명하여 권업회 총무로 일한 인물이며, 1917년 3월에는 우수리스크로 이주하여 한족중앙회 위원과 그 기관지 청구신보의 주필로 활동한 인물이다.[*] 고창일은 원적이 함북 경원이며, 러시아에서 출생한 한인 2세이다. 1918년부터 우수리스크 한족중앙회 부회장으로 일하고 있던 인물이다.[**]

이들을 파리대표로 선정함에 있어서 한족중앙회 상설위원회의 중심인물인 문창범, 최재형 등 함경도파들은 평안도파에게 이 사실을 알리지 않고 비밀리에 일을 추진하였다. 이 결정에 참여한 인물은 문창범, 최재형, 엄주필, 김 야코프, 한 아나토리, 김 알렉산드라 등 함경도출신 귀화인들이 중심이 되어[***] 평안도파를 배제하고 결정하였던 것이다. 윤해와 고창일이 파견자로 결정되었다는 사실을 평안도파인 안정근은 뒤늦게 우연히 알게 되었다. 즉, 안정근의 어머니가 고상준(高尙俊)의 처로부터 고창일이 6개월간 원방(遠方)에 다녀온다는 사실을 듣고 이를 아들인 안정근에게 말하여 알게 되었던 것이다. 그리하여 2월 5일 안정근은 최재형을 만나 이에

[*] 『배일선인유력명부』, 윤해 조
[**] 『배일선인유력자명부』, 고창일 조
[***] 1919년 2월 12일 한국독립운동에 관한 건

대하여 항의하였다.* 이 사건으로 인하여 함북파와 평안도파 사이에 갈등은 더욱 깊어 졌을 것으로 추정된다.

이처럼 파리강화회의대표 선출에 있어서 우수리스크 한족상설회는 비밀리에 신중에 신중을 기하였던 것이다. 그리하여 같은 한국인끼리도 믿지 못하고 비밀리에 대표를 선정하여 파견하였던 것이다. 이처럼 우수리스크 한족상설의회가 최재형, 이동휘 등 대신 윤해, 고창일 등을 파견한 이유는 무엇일까. 물론 이것은 파리강화회의에 대한 전망과 관련이 있는 것 같다.** 전로한족회 중앙총회회장이었던 문창범의 언급에서 알 수 있는 바와 같이 당시 파리에는 세계 각 지역에서 조선인 대표를 파견하고 있는 상황이었기 때문에 노령에서의 파견자도 다만 그들간에 끼여 일을 함께 할 수 있으면 족한 것으로 인식하였던 것이다. 따라서 영어와 불어 등 외국어를 해득하고 다소 교육이 있어 세계정세에 통하면 된다는 입장이었다.*** 이러한 문창범 등 니코리스크 한족회의 중심인물인 함북파의 인식은 당시 러시아에서 간행되는 각종 신문들과 미주동포들과의 교신 등에서 얻은 정보에 바탕

---

* 1919년 2월 12일 한국독립운동에 관한 건
** 반병률, 「대한국민의회의 성립과 조직」, 144쪽.
*** 『현대사자료』 27, 205쪽

을 둔 것이 아닌가 한다. 이러한 가운데 1월 20일 상해를 출발하여 연해주에 온 신한청년당의 여운형을 통하여* 더욱 굳어진 것이 아닌가 추측된다. 여운형은 김규식을 파리강화회의에 파견하였음을 문창범 등에게 언급하였고, 파견비용과 상해에서 독립운동 전개를 위한 자금의 제공을 요청하였던 것이다.** 두 번째는 이동휘, 최재형 등 거물급 인사는 나이도 많고, 너무 알려져 체포의 위험이 있기 때문일 것으로 추정된다. 이에 일을 비밀리에 성공적으로 추진하기 위하여 한족회 상설위원회에서는 실무형으로 윤해, 고창일 등을 대표로서 파견한 것이 아닌가 한다.*** 아울러 이들의 파견을 통하여 강화회의에서 미국의 후원에 의해 독립할 목적을 달성할 것을 기대하였던 것이다.****

(2) 전러한족회 지방대표회의

우수리스크 한족상설회의에서는 2월 7일부터 11일까지 5일간 회의를 개최하여

회의에서 파리대표파견을 공식화하고 이들의 여비 마련

---

* 「여운형 검찰조서」, 『몽양여운형전집』1, 몽양여운형선생전집발간위원회, 한울, 1991, 509쪽
** 이만규, 「여운형투쟁사」, 『몽양여운형전집』2, 몽양여운형선생전집발간위원회, 1993, 259-260쪽; 「여운형검찰조서」, 『몽양여운형전집』1, 510쪽
*** 1919년 2월 12일 한국독립운동에 관한 건
**** 국회 2, 344쪽

을 위해 노력하고자 하였다. 이에 2월 7일 오전 10시를 기하여 우수리스크에서 각 지방 한족회대표회의를 개최하고자 하였다. 그리하여 1919년 1월 30일자 한족상설회 회장 문창범과 서기 이춘평(李春平)의 명의로 각 지방회에 대표파견을 요청하였다.* 이 문안을 보면 다음과 같다.

단난스 한족회 앞

만고 희유(稀有)의 대전란은 마침을 고하고, 전 세계의 평화의 상서로운 구름이 퍼지고, 국가의 대소와 민족의 강약에 구별됨이 없이 세계의 인류는 행복을 함께 하는 것을 얻음에 이르러 그와 동시에 폼人 민족자결주의 실행시키는 시국과 우리 민족의 관계는 다시 긴급이 된다. 이에 본회는 지난 1월 29일 한족상설위원회를 열고 식구의 긴급 중대함을 느끼고, 양력 2월 7일 (음력 1월 7일)오전 10시 각 지방 한족회를 특별히 개최하고자 하오니 귀회로부터 대표자를 보내주십시오.

기원 4252년 1월 30일
한족상설회의 의장 문창범
서기 이춘평

---

* 1919년 2월 18일 강화회의와 조선독립운동에 관한 건

의안(議案)

1) 한족상설회 보고

2) 시국에 대한 파리에서 개최되는 평화회의 대표자 파견의 건

3) 한족상설회의 장래에 관한 건

4) 한족공보사 유지법에 관한 건

5) 사범학교 유지법에 관한 건

6) 신의안(新議案)[*]

위에서 보는 바와 같이 의안으로서 한족상설회 보고, 시국에 대한 파리에서 개최되는 평화회의 대표자 파견의 건, 한족상설회의 장래에 관한 건, 한족공보사 유지법에 관한 건, 사범학교 유지법에 관한 건, 신의안 등을 제시하였다.

우수리스크 한족상설회에서는 1월 29일 파리대표파견문제와 관련된 문제들을 최종적 마감하고 대표를 파견하는 한편 2월 7일 각 지방 대표자회의를 개최하고 최후 통고 승인을 받을 예정이었다. 아울러 본회에서는 파리 파견자의 여비 모금에 큰 뜻이 있었다.[**] 이 회의에 참석을 요구한 지역은 모두 107지역이었다. 그러나 처음에는 많은 지역에서 참석하지 못하였다. 즉 2월 7일까지 24명이 참석하였으며, 2월

---

[*] 1919년 2월 18일 강화회의와 조선독립운동에 관한 건
[**] 1919년 2월 18일 강화회의와 조선독립운동에 관한 건

8일까지는 44명이 참석하는데 그처 회의는 활성화되지 못하였다. * 그러나 마감일까지는 회원 130여명이 참가하였다.**

우수리스크 회에 참가한 중심지역과 그 대표를 보면, 지신허 대표는 한 안드레이, 김 알렉산드르, 스라비얀카대표는 박 알렉산드르, 노우끼에프스크 대표는 최재형, 바라바시대표는 강 야코프, 블라디보스토크대표는 한용헌, 윤 니꼴라이 등이었다. 그밖에 치타, 이르쿠츠크, 니꼴라예프스크 등에서는 전보를 보내왔다.*** 이들 참석자 가운데 최재형은 노우끼예프스크의 대표적 인물이며, 스라비얀카의 박 알렉산드르는 15세시 아버지와 함께 러시아로 망명하여 그후 노우끼예브스크에서 의병대장 이범합(李範合)과 함께 항일단체를 조직하여 활동하였다. 1918년 9월 스라비얀카에 이주하여 42세시 이 지방 한족회 지회장으로 활동하였다.**** 바라바시 대표 강 야코프는 함북 경성출신으로 귀화인이다. 1919년 당시 39세인 그는 노우끼예프스크에서 출생하여 10여년전에 바라바시로 이주하여 그 지역 한족회 부회장으로 활동하였으며, 항일의식이 투철한 인물이었다.*****

---

* 1919년 2월 12일 한국독립운동에 관한 건
** 1919년 3월 6일 재니코리스크 한족중앙총회에 관한 건
*** 1919년 2월 12일 한국독립운동에 관한 건
**** 『배일선인유력자명부』, 박 알렉산드라 조
***** 『배일선인유력자명부』, 강 야코프 조

결국 2월 7일 회의를 통하여 윤해와 고창일이 노령대표로 파리로 파견되었음이 밝혀졌다. 이들은 러시아어와 불어로 조선인총대표라고 쓴 문서를 갖고* 2월 5일 경에 우수리스크를 출발하여 2월 10일 배를 타고 출발하여 고오베(神戶)에 기항하는 오뎃사호의 의용함대 톰스크호를 출발하였다고 발표되었다.** 그리고 이 사실에 대하여 각 지역 대표들에게 승낙을 구하고 각 지방회에서 비용을 부담해줄 것을 요청하였다.*** 그러나 이러한 한족중앙위원회의 발표는 사실이 아니고 연막전술이었다. 고오베에 기항할 경우 대표가 체포될 것은 명약관야한 사실이기 때문이다. 그들은 3월 2일 한인신보가 발표한 것처럼 철로를 통하여 파리로 향하였던 것이다. 그리고 3월 2일 옴스크를 무사히 통과했다고 하는 전보가 있었다고 한다.**** 이처럼 러시아 지역 한인등은 대표파견문제와 그들의 안위에 있어서 주도면밀함을 보여주고 있다. 결국 이러한 면모는 러시아한인사회에 있어서 평안도파가 러시아지역 독립운동계를 떠나 상해로 가게되는 배경이 되었다고 할 수 있다.

---

*   국회 3, 107-108쪽.
** 1919년 2월 12일 한국독립운동에 관한 건
*** 1919년 2월 12일 한국독립운동에 관한 건
**** 1919년 3월 7일 윤해 고창일 출발의 건

한편 우수리스크 한족중앙위원회 회의에서 프랑스 대표파견자의 결정과정을 극히 비밀로 붙였기 때문에,* 윤해, 고창일의 파견에 대하여 이의를 제기하는 경우도 종종 있었던 것이다. 2월 간도조선인 대표자 김약연, 정재면(鄭載冕), 일본유학생대표자, 상해재류대표자는 모두 니코리스크시에 와서 중앙총회장 문창범에 대해 파리대표 선발상황에 대하여 선거한 형식이 중앙총회의 결의인가, 또는 피선된 자의 씨명, 인격 또는 대표자의 외교상 증명을 어떠한 문서인가를 질문하였다.**

대한국민의회에서 파견한 윤해와 고창일 등은 2월 5일 경 블라디보스토크를 출발하여 남 러시아를 통과하려다가 교통의 두절로 러시아국내의 내전지역을 통과해야만 하였다. 이지역을 두 번 이나 통과하려다가 실패하고, 6월 망간(望間)에 잠시 개통된 북러시아지방으로 북빙양(北氷洋)을 통과하여 알한겔쓰크에 도착하여 일삭(一朔)만에 대한국민의회에서 발행한 여권이 연합국으로 인준되어 영국을 지나 9월 26일에 파리에 도착하였다.*** 파리에 도착한 윤해 등은 대한국민의회

* 국회 3, 107-108쪽
** 국회 3, 107-108쪽
*** 국회, 중국, 194쪽

의 평화회의 국제연맹 소약민족회의에 참여하되, 각처에서 온 국민대표와 합동동작하란 출발 당시의 명령에 따라 파리 위원부와 시베리아 대표는 피차 합동집무할 것을 선언하였다. 그리고 이 사실을 워싱톤에 주재한 이 대통령과 상해, 시베리아 각처에 전보로 보내는 동시에 또 상해에 있는 대한민국임시정부와 시배리아에 있는 대한국민의회가 속히 합동하여 활동할 것을 희망한다는 취지의 전보를 수차 상해와 시베리아로 발송하였다.*

우수리스크 한족상설회에서는 늦어도 1월 29일 회의에서 윤해의 주장에 따라 대한국민의회라는 정부를 조직하고자 하였던 것 같다. 그리고 윤해는 이를 상설위원장 원세훈에게 2월 25일 경 개최될 회의에서 공식화할 것을 부탁하였던 것이다.**

우수리스크 상설위원회에서는 1919년 2월 5일 경 윤해 등이 블라디보스토크를 떠나기전에 대한국민의회라는 정부 명칭과 주요 간부를 확정하였다. 윤해가 지니고 있던 『한국민 해외여행권』이 대한국민의회 의장 문창범과 서기 오창환의 명의로 대한국민의회 의원 윤해에게 발행되고 있는 것이다.

---

* 국회, 중국, 194-195쪽.
** 국회 3. 108쪽.

또한 그 여행권의 내용에 「右員을 대한국민의회에서 法蘭西國 巴里로 파견하옵는 바 何國이든지 여행할 예정이옵기 대한국민의회는 我이천만국민을 대표하여 右員이 통로에 지장이 없이 여행하며 又必要의 보호를 特與하여 주기를 각국 執政官憲에게 희망함」라고 하여 윤해 등이 대한국민의회의 대표임을 보여주고 있는 것이다.* 즉, 대한국민의회의 기본 구조는 윤해가 출발하는 2월 5일경 이전에 갖추었다고 볼 수 있다. 다만 이를 2월 25일 회의를 통하여 만주, 국내, 러시아 등 전체 국내외 한인들의 대표기구로 공식 승인을 받고자 하였으며 3월 17일 독립선언서를 통하여 그 이름을 세계에 공포하였던 것이다.

한편 우수리스크 한족상설회에서는 대한국민의회를 조직하는 한편 이 정부의 입지를 보다 강화하기 위하야 만주지역 동포들의 지지를 얻고자 하였다. 그리하여 이 사실을 만주지역에 통고하였던 것이다. 이에 북간도지역의 독립운동단체들은 2월 4일 북간도 명동촌에서 개최된 회의에서 임시정부를 조직하여, 아령에 두고, 아령에서 먼저 독립을 선언하되

---

* "DE COREE A PARIS EN DIX MOIS, par GO-TCHANR et YOUN-HAI, UN VOYAGE A LA JULES VERNE de Corée a Paris en Dioc Mois", Je sais tout(1920년 3월호, No.172, 1920.3·15발행) 299쪽.

그 당일에 내외지 동포가 한 목소리로 독립만세를 부르기로 결정하였던 것이다. 그리고 이것을 실행하기 위하여 간도의 중요인물을 다수 노령에 파견하고자 하였다. 그리고 이 내용을 간도지역의 주요 인물의 동의를 얻기 위하여 2월 10일 용정시에서 회의를 개최하였다. 그리고 명동회의의 의결안을 찬성하고 다만 임시정부는 국민의회로 인증하였다. *

* 『동아공산』 14호 1921년 5월 10일자 김규찬이 쓴 「북간도 고려인 혁명운동략사」

제8장

3·1운동 준비와 민족의식 고취

■ 언론활동

3·1운동 이전 러시아지역 한인들의 민족의식 고취에 연해주 지역에서 발행되는 한글 신문인 한인신보와 한족공보[*], 그리고 러시아어 신문 등이 그 중심적인 역할을 하였다.[**]

한인신보는 주간지로 1917년 7월 8일 첫 창간호를 간행하였다. 당시 주필 겸 편집인은 한 안드레이(아.크. 한)였고, 인쇄

---

[*] 한인신보와 한족공보는 약간 성격이 다른 신문인 것으로 추정된다. 1917년 겨울 한족공보와 한인신보는 관계자들 사이에 합체의 의논이 있었으나 블라디보스토크에 있는 한인신보 주주들의 이의가 있어 이루어지지 못하였다. 그러나 최근 경상비의 관계상 서로 합병할 필요를 느끼고 있다고 한다 (1918년 9월 조(調) 재노령불령선인의 현황)
[**] 국회 3, 55-56쪽.

한인신보(1917.11.4)

인은 주용윤이었고, 발행지는 블라디보스토크 신한촌 니꼴리쓰카야 울리차 21호였다. 창간호에는 김치보, 윤능효, 유진률 등 블라디보스토크 신한촌의 중심인물들의 축하문이 게재되어 있다.* 이 신문은 신한촌에 있는 권업회 사무소 내에 신문사를 차리고, 이형욱을 사장, 김하구를 주필, 한 안드레이를 발행인으로 하고 처음에는 주간으로 하다가 안정되면 일간으로 하고자 계획하였다. 그리고 계획 단계에서는 청구신보와 합병하고자 하는 논의도 있었다. 그러나 전로한족회 총회 개최시 동대회에서 귀화하지 않은 한인들을 참가시키지 않자 이에 분개하여 합병 논의가 이루어지지 않았을 정도로** 청구신보와는 약간 의견이 다른 신문이라고 할 수 있다.

한인신보는 일본측이 러시아당국에게 "현하 구주전 개전 당시 제국정부의 요구에 따라 연해주 군무지사로부터 금지명령을 받은 신문인 권업신문의 후신이며, 한일합방전부터 계통적으로 계속되어온 배일선인의 기관지이다"라고 지적하고 있는 것처럼*** 민족의식 고취에 기여하였던 신문인 것이다. 한인신보에서는 창간 당시에는 국제정세를 고려하여

---

* 『한인신보』 창간호(국사편찬위원회 소장), 1917년 7월 12일 조선인의 근상에 관한 보고의 건, 1917년 7월 19일 재로조선인신문간행에 관한 건.
** 1917년 7월 7일 조선인의 근상에 관한 보고의 건
*** 국회 3, 55쪽

항일적인 기사를 실지 않았으나 1917년 8월 29일 국치일을 맞이하여 「우리들의 편지」라는 제목하에 임시 특집호를 간행하여 민족의식 고취에 기여하였다.* 한인신보는 1918년 10월 경 사장에 김병흡(金秉洽)을 대신하여 정재관(鄭在寬)이 취임하였고,** 총무에는 조상원이, 서기에는 지건(池健)이 활동하였다.*** 그리고 정재관은 사장에 취임한 후 가옥건축과 활자구입을 목적으로 러시아돈 2만여원을 모집하여 우선 가옥 건축에 착수하고, 또한 각 지방에 의원을 파송하여 3만여원의 예산을 모집하고자 하였다.****

1918년 이후 발전을 도모하고 있던 한인신보는 1918년 월슨의 민족자결주의 소식과 약소국동맹회의 소식 등을 동포사회에 알리는 등 민족의식 고취에 크게 기여하였다. 즉, 한인신보 1918년 12월 29일자에서는 대판조일신문(大阪朝日新聞) 12월 18일, 19일자에 실린 내용을 동포들에게 알림으로서 미주 동포들이 한국의 독립을 위하여 벌리고 있는 사업을 적극 홍보하고자 하였던 것이다. 또한 1919년 1월 12일 발간 한

---

* 1917년 9월 13일 일한병합 기념일의 상황
** 김하구는 윤해에게 편지를 보내어 정재관을 한인신보사 사장으로 추대하는 것과 관련하여 정재관이 자금 3만원을 얻어서 크게 활동한다는 조건으로 사장 취임을 승낙했다고 밝히고 있다.(1918년 10월 16일 한인신보에 관한 건)
*** 신한민보 1918년 12월 5일
**** 신한민보 1919년 1월 16일

인신보에서는 「자유의 신년」이라는 제목의 김하구의 글을 실어 평화회의에서 한국은 반드시 독립한다고 주장하였다.*
아울러 동년 3월 2일자 한인신보에서는 파리로 향한 윤해와 고창일이 기차로 파리로 향했는데 옴스크를 무사히 통과하였다는 전보가 있었음을 동포들에게 전하기도 하였다.**

아울러 한인신보사에서는 1919년 1월 하순 전로한족회 중앙총회의 지시에 따라 한인신보 기자인 이홍삼(李興三)을 서울에 파견하여 한일합방후 노령과 간도에서 이동휘 등과 맹렬한 독립운동을 전개한 바 있는 경성의 이종호(李鍾浩), 김하석(金河錫) 등과 접촉하여 독립운동 방안을 논의케하였다.***
한편 한인신보는 해외에 있는 동포들에게도 항일운동의 선전지로서 널리 인식되었던 것 같다. 일본 동경에서 김항복(金恒福)이 블라디보스토크 신한촌 민회장 한용헌(韓容憲)에게 보낸 편지에서도, 독립운동과 관련된 내용이 혹 한용헌에게 배달되지 못하더라도 자세한 내용을 신문사로 보낼 것이라고 밝히고 있는 것이다. 이러한 점을 통해서 볼 때 한인신보는 항일운동지로 널리 인식되었음을 알 수 있다.****

---

* 1919년 2월 7일 강화회의와 조선독립에 관한 건
** 1919년 3월 7일 윤해 고창일 출발의 건
*** 1919년 1월 7일 강화회의에 대한 선인운동에 관한 건
**** 국회 3, 25-26쪽

한편 1919년 1월 10일 신한촌 이형욱(李亨郁)의 집에서 한인 신보사측 인사들은 학교, 민회 등 유력자 10여명과 함께 노령에서도 파리강화회의에 대표자를 파견하자고 의논하기도 하였던 것이다.*

1917년 7월 7일 처음 간행된 청구신보의** 후신인 한족공보는 전로한족회의 기관지로서 전로한족회의 주요 사항을 주로 기재하였다. 그리하여 한족공보는 제2회 전로한족대표회의 중요한 결의안과 기타 시국에 관한 소식을 많이 게재하는 경향을 보이고 있었다.*** 그러나 한족공보는 항일적인 기사도 다수 수록하였다. 그러므로 일본측은 러시아당국에 한족공보에 대하여 다음과 같이 평가하고 있다.

> 한족공보는 한족중앙총회의 기관지로서 표면으로는 노국귀화선인의 기관지인데도 집필자는 모두 비귀화의 항일선인이며 더구나 최근까지의 주필은 배일선인 중 유력한 배일선인인 수령급이었다. 한족중앙위원회는 귀화선인이 소위 민족주의를 근간으로 하여 선인의 자유와 권리의 확장 및 옹호를 도모함을 목적으로 하는 것이나 사실에 있어서는 전연 한국독립운동의 중심기관이 된다. ****

*　 1919년 1월 7일 강화회의에 대한 선인운동에 관한 건
** 1917년 7월 19일 재러조선인신문 간행에 관한 건
***　 신한민보 1918년 10월 10일자
**** 국회 3, 55-56쪽

이처럼 항일운동을 전개하던 한족공보는 경제적인 어려움을 겪고 있었다. 그러므로 한족상설위원회에서는 2월 7일 개최되는 회의에서 의안으로서 한족공보의 유지법에 관한 것을 제시하기도 하였던 것이다.*

한편 러시아어로 간행되는 신문들도 배일적인 내용을 기고하기도 하였다.** 니코리스크에서 발행되는 러시아어신문 「학생의 소리」 제5호에서는 「배일선인의 일본에 대한 공개장」을 발표하는 등 매호마다 항일적인 기사를 싣고 있다.*** 러시아어 신문들은 귀화한인 중 한국어를 모르는 사람들이나 러시아인들에게 일본의 만행을 알리는데 기여하였을 것으로 짐작된다.

---

* 1919년 2월 18일 강화회의와 조선독립운동에 관한 건
** 국회 3, 55-56쪽.
*** 1919년 2월 21일 강화회의와 조선독립운동에 관한 건

■ 고종 추도회, 연극 공연

3·1운동이 발발하기 전 재러한인들은 국치일 집회, 종교집회, 고종의 추도식, 연극공연 등을 통하여 민족의식이 크게 고양되었다. 우선 국치일과 관련된 집회를 보면 블라디보스토크 신한촌의 경우와 연추지역의 경우를 들 수 있다. 신한촌에서는 1918년 8월 29일 아침 일찍 민회의 명의로 인쇄문을 배포하고, 동포들에게 밥짓는 것을 금지하고 각 구장에게 엄중히 감시하라고 하고, 만약 밥을 지을 경우 그 집에 가서 조서를 작성하고, 25루불의 벌금을 부과하기로 하였다. 그리고 동일 오전 9시 한민학교 학생 수십명은 학교기를 선두에 세우고, 애국가를 부르고, 신한촌을 행진하였다. 동 10시에 민회와 한민학교 문 앞에서 태극기를 게양하고, 오전 11시에 한민학교 학생 수십명은 태극기를 게양하고 신한촌을 순회하고, 인솔자 이봉극(李鳳極)은 수시로 길가에서 연설을 시도하였다.

오후 7시부터는 한민학교 운동장에서 신한촌 민회 주최로 천여명이 참석한 가운데 국치일 기념행사를 거행하였다. 임시회장인 민회 서기 조장원의 개회사에 이어 한민학교 여학생들의 창가, 이의순(李義橓, 이 동휘의 차녀, 吳永善의 처)의 역사에 관한 강의, 정창빈(鄭昌斌, 이동휘의 큰 사위)의 지리에 관한 강화, 윤능효(尹能孝), 이봉극, 이인찬(李仁贊) 외 3인의 기념사, 남녀 학생일동의 애국가, 조장원의

최재형

폐회사 등의 순서로 이어졌다. 그리고 오후 10시 30분 해산 하였다.*

특히 연추지역은 항일운동의 중심지로 1918년 8월 29일 국치일에는 이 지역의 민회회장인 최재형과 학교교사인 정남수(鄭南洙), 우수리스크 청구신보 기자인 정안선(鄭安善) 등이 중심이 되어 학교에서 연극회를 개최하여 이 지역 및 인근 주민들의 민족의식 고취에 크게 기여하였던 것이다. 즉 8월 28일 밤부터 4일동안 오후 5시부터 밤 11시까지 개최된 연극에서는 안중근의 이등박문의 저격을 주로 하여, 소위 을사 5적, 7적의 행동과 아울러 당시에 있어서 일본 고관의 언동 등을 풍자하였다. 29일 밤에는 부근에 살고 있는 동포는

---

* 1918년 9월 20일 일한합병기념일에 관한 건

이강

물론 수청지방으로부터 온 사람도 적지 않았다. 총 관객 수는 약 1천 2백명 이상이나 되었다.* 이처럼 3·1운동 이전에 활발히 전개된 민족의식 고취는 이 지역에서의 3·1운동 전개에 기여한 바 크리라 생각된다.

종교 집회를 보면 1918년 12월 1일 우수리스크시 한족공보사원의 발기로 조선인 희랍교 신부의 지도하에 20여명이 러시아사원에 모여 조선독립기도회를 개최하고 민족의식 고취에 크게 기여하였다.** 또한 1918년 12월 22일에는 이강(李剛)의 주도하에 오전 11시 기독교 예배당에서 민족의식 고취 강연이 개최되었다. 이강은 오랫동안 치타에 있다가 1918년 12월 중순 블라디보스토크에 와서 신한촌 서울 거리 9호 채성하의 집에 거주하고 있었다. 그는 일요일 기타 기독교 제일(祭日)에 매번 예배당에 가서 종교 강연을 하였고 그 가운데 종종 격렬한 언어를 시용하여 민족의식을 고취시켰다. 12월 22일 오전 11시 기독교 예

---

* 1918년 8월 31일 연추재주선인의 배일연극거행의 건
** 1918년 12월 11일 니코리스크 배일선인 조선독립기도회 개최에 관한 건

배당에서 이강은 기독교를 믿지 않는 나라는 점차 쇄망할 것이라고 하고, 동양에 있어서 중국, 일본과 같은 나라는 유교를 존봉(尊奉)하고 있기 때문에 점차 종교상의 분쟁이 일어나서 드디어 기독교 나라의 제제를 받을 것이라고 주장하면서,

고종(광무황제)

기독교를 믿어야 함을 강조하고 있다. 기독교를 진실로 믿으면 나라가 부강해진다고 하고 저 구미 각국을 돌아보면 기독교를 진실로 신앙한 나라는 강국이 된다고 주장하였던 것이다.*

한편 1919년 1월 고종의 훙거 소식이 조선에서 전해지자 재러동포들은 깊이 애도하는 뜻을 표하기 위하여 스스로 추도회 또는 망배식(望拜式, 遙拜式)을 준비하는 한편, 재러동포들은 고종의 죽음이 범상한 죽음이 아니라고 인식하고 있었다. 그들은 과거 헤이그평화회의시 고종이 중심이 되어 이준, 이상설 양인을 파견하였던 일을 상기하면서, 이번에 파

---

* 1919년 1월 7일 이강 來浦에 관한 건

리에서 개최되는 평화회의에도 고종이 몰래 밀사를 파견하고자 하다가 일본 정부가 이를 염려하여 독살시킨 것이 아닌가 하고 추측하였다. 혹은 고종이 오랜 일본 정부의 압박하에서 굴욕을 당하다 이에 천재일우의 호기를 맞아 한국독립부흥의 소지를 달성하지 못하는 것을 분개하여 병을 얻어 갑자기 죽음에 이르렀다고 생각하는 등 고종의 죽음을 애국적인 차원과 일제의 탄압이라는 두 측면에서 파악하고자 하였던 것이다. 이러한 인식하에 동포들은 고종의 죽음을 애도하면서 곳곳에서 고종에 대한 추도회를 개최하였던 것이다.*

즉, 1919년 1월 27일에는 안정근이 경영했던 해성의원(海星醫院) 의사 곽병규의 발기로 오후 7시부터 한민학교에서 이태왕 추도회가 약 300명이 참석한 가운데 개최되었다. 이 자리에서 장기영은 이태왕에 대한 역사를 강의하였으며, 함경도 영흥 출신 기독교인으로서 하얼빈에서 활약하다 블라디보스토크로 온 김일(金逸(一))은 연설을 통하여 재러동포들의 민족의식을 고취시키고자 하였다. 또한 1월 28일에는 기독교 교회에서 고종에 대한 망배식이 거행되었다. 발기인인 김목사는 이태왕의 죽음에 대해서 깊이 동정하였다. 특히 일본의

---

* 1919년 2월 24일 이태왕 훙거에 대한 재러선인의 언동

압제하에서 오늘날과 같은 독립을 위한 좋은 기회를 맞이하여 한국의 부흥을 보지 못하고 영면하는 이태왕에 대해서 진실로 애뜻함을 나타내었다.*

한편 1919년 2월 20일에는 우수리스크시 한족중앙총회 및 조선인 민회의 간부와 유지 조선인들을 중심으로 이태왕 추도회가 거행되었다. 지금까지의 추도회가 개인 또는 교회 등 일정한 기관 중심이었는데 반하여 이번 추도회는 우수리스크 한족중앙총회라는 러시아한인의 대표기관이 주관하였다는 점에서 일정한 차별성이 있다고 생각된다. 이 추도회는 중앙총회관 내에서 거행되었는데, 관내에 태극기를 게양하고 동벽 한 귀통이에 이태왕의 사진을 봉안하였으며 참석자는 30여명이었다. 먼저 부회장 김철훈(金喆訓)이 등단하여 이태왕의 역사에 대하여 말하였다. 즉 "이태왕은 7월 25일 대원군 사저에서 탄생하여 본년으로 67세이다. 품질(稟質)이 영준(英俊)하고, 열성(列聖) 중에도 뛰어나서 12세로 등단(登壇)한 이래 국가의 안강(安康), 민서(民庶)의 복리(福利)를 도모하고 있었는데 만년(晩年)에 이르러 난신국적(亂臣國賊) 때문에 5조약, 7조약의 참변을 당하여 드디어 일한합병에 이르러 4천년

---

* 1919년 2월 24일 이태왕 훙거에 대한 재러선인의 언동

의 역사가 있는 한국이 멸망하여 태왕은 망국(亡國)의 폐제(廢帝)라는 역사를 남기고 금일 등천(登天)하였다. 우리 등 한족 신민인자는 이 비분과 비참을 여하히 인내할 것인가"라고 하여 비분 강개하였다.* 이어서 김일이 등단하여 다음과 같이 연설하였다

이태왕은 폐제(廢帝)된 이래 태왕은 일상생활의 일거일동도 모두 일본 군무관 혹은 찬시(贊侍) 등에게 감시, 간섭당하여 자유를 얻지 못하고 생활비 조차 궁핍하여 그 송광(送光)은 실로 강금 중의 죄인과 동일하였다. 지근한 정세 따위도 알길이 없으며, 단지 가까이서 모시는 궁녀들로부터 약간의 전문을 얻들었을 뿐, 민간의 사정, 왕세자의 유학 사정 등을 일일이 진념(軫念) 또는 노심하고 시종 근심에 쌓여 있다. 그의 이본(梨本) 왕녀(王女)와의 결혼 따위도 태왕의 쾌락으로는 생각하지 않는 일이다. 태왕은 이와 같으므로 그 신의 우고(憂苦)도 인내하며, 민중의 전도(前途)를 염려하고 한국독립의 기회를 기다리고 있었다. 그런데 지금 한국독립설이 세계를 움직이게 하고 국권이 바야흐로 회복을 보게 하는데 즈음하여 태왕은 망국폐제(亡國廢帝)의 원한을 품고 등천(登天)하여 무한한 천향(天鄕)에서 울고 있다. 이것은 아등 한족의 불행으로서 비분하지 않을 수 있겠는가.

---

* 국회 3, 108-109쪽.

김철훈과 김일의 연설은 당시 참석한 동포들에게 큰 감동을 주었다. 그리하여 만당(滿堂)에 곡성이 가득찰 정도였다.*

한편 1919년 2월 1일 밤 신한촌 거주 독립운동가들은 민족의식 고취와 파리파견 대표의 비용을 마련하기 위해 한민학교에서 연극과 무도회를 개최하였다. 이 연극은 함북 명천 출신으로 명치대학(明治大學)을 졸업한 동림(董林)이 제작한 것으로, 총무로서 김필수(金弼手) 등이 활약하였고, 이 연극에서 중심인물인 사내총독과 윤치호역할은 이희수(李喜洙)가 담당하였다. 이 모임은 오후 8시부터 시작되었는데, 약 300명의 관객이 참여한 가운데 성대히 배풀어졌다. 애국가를 시작으로 연극이 시작되었는데 연극 내용은 105인 사건에 대한 것이었다. 윤치호집의 가택 수색, 애국당의 포박, 공판 등의 순서로 전개되었으며 많은 사람들의 애국심을 고취하는 데 기여하였다. 연극을 마친후 이희수가 일어나 연극개최 목적을 밝히고 파리강화회의 대표자 파견 여비 약 800루불을 걷어 제공하였다.**

---

* 국회 3, 109쪽.
** 1919년 2월 21일 강화회의와 조선독립운동에 관한 건

제9장

정부조직을 위한 노력: 대한국민의회 의장이 되다

▨ 전로국내조선인대회 개최

　　1919년 1월 경 입법과 행정조직을 갖춘 사실상의 정부인 대한국민의회의 조직과 그 구성에 대하여 합의를 본 문창범 등 우수리스크 한족상설위원회는 2월 7일부터 개최된 회의에서 윤해와 고창일을 파리대표로 파견하였음을 알리는 한편 파리대표파견 비용을 마련하기 위하여 노력하였다. 또한 한족상설회 상황에 대한 보고

문창범

와 아울러 한족공보사의 유지법, 사범학교 유지 방안 등을 논의하였다. 특히 이 자리에서는 한족상설회의 장래에 관하여도 논의하고자 하였을 것이다. 이에 대한 논의에서 한족상설회에서는 한족상설회를 개편하여 대한국민의회를 만들고자 합의하여 재러동포들로부터 승인을 받았을 것이다. 그리고 대한국민의회의 정당성과 지지세력을 보다 확보하기 위하여 2월 말경 국내, 만주, 러시아 대표들이 참석한 가운데 대한국민의회를 재신임받고자 하였던 것으로 생각된다. 그리고 정부당국자의 인선을 하는 한편, 대한국민의회 정부의 이름으로 일본 정부에 한국독립승인의 최후 통첩을 발송하고자 하였다. 그리고 만약 하등의 회답을 얻지 못할 경우 중국령 및 노령에 재주하는 조선인, 그리고 조선내지에 있는 조선인 일반의 명의로써 영구적인 혈전을 선언할 것을 비밀리에 결정하였다.* 이를 위하여 블라디보스토크에서 2월 말경 중국령 및 노령선인 대표자회의를 개최하고자 하였던 것이다.**

이점은 선언대회를 추진한 재블라디보스토크 김진이 추풍 쓰거명자 희동학교 한강일(韓强一, 康逸)에게 보낸 2월 20일자

* 국회 3, 37쪽.
** 국회 3, 55쪽

편지 내용에서도 짐작해 볼 수 있다고 생각된다. * 즉,

아형(我兄)이여!

전년 양산박(梁山伯)시대의 일을 회상하면 할수록 형을 사모하는 정이 간절함을 느낍니다. 시국에 관한 소식은 전해 들었습니까. 우리한국이 독립한다는 일입니다. 더욱이 오인(吾人)의 철권(鐵拳)으로써 진로를 개척하지 않는다면 여하히 되어 갈 지를 알 수 없습니다.

그런 까닭에 만국평화회의에 대해 미국에서는 2인을 보낸다는 사실입니다. 그리고 전일 노령에서도 2인이 출발했을 것입니다. 그리고 현금 일본에 유학하는 우리동지(我同志) 수백명이 일본정부에 한국을 반환하라는 항의를 하고 또 동지에서 수천명의 청년들이 치열하게 활동 중이라는 사실입니다. 그런데 저 간독(奸毒)한 소위 총독부(원문에는 총독부로 되어 있다)에서는 합병, 합방, 독립의 3개를 가지고 투표를 하게 하되 만일 독립에 투표한 자는 곧 포박한다는 것입니다. 또 서간도에서도 전일 대표원 3명이 본항(블라디보스크)에 도착하였지만, 저 지방에서는 벌써부터 결사대 수천명을 모집해두고, 이에 대해 협의하기 위해 당지에 도착하였다는 것입니다. 이와 같은 사유인 까닭에 양(陽) 2월 28일까지, 노령의 대표자를 소집하여 임시정부와 같은 중앙기관을 조직하기로 하고, 각지 동지(즉 우리단원)에게 통지하였사오니 급속히 참회(參會)하여 주시기 바랍니다.

자피거우(夾皮溝)에서 교편을 잡고 있는 이종희(李鐘熙)군도 우리 단

* 국회 3, 28-29쪽.

원이라면 피지(彼地)로 가서 동행하여 주시기 바라며, 번지가 불상함으로 이군에게는 통지할 수가 없습니다. 본건은 어디까지나 비밀로 하십시오.

1919년 2월 20일(양)

신한촌 김진(인)

라고 있듯이, 김진 등 재노령독립운동가들은 미국, 러시아 등지에서 파리에 대표를 파견하였고, 일본유학생들이 한국의 반환을 요청하는 이때에 노령의 대표자 대회를 소집하여 임시정부와 같은 중앙기관을 조직하고자 하였던 것이다.*

그 결과 1919년 2월 25일 우수리스크 시에서 창립회의를 소집한 전로국내조선인대회는 국적에 차별없이 러시아내에 거주하는 모든 조선인들을 규합해서 전한국민의회(全韓國民議會)를 승인하였다.** 그리고 이 회의에 앞서 독립국인 조선의 국체를 군주제로 할 것인가, 대통령제로 할 것인가하는 논의가 있기도 하였다.***

* 국회 3, 28-29쪽.
** 강덕상편, 『현대사자료』27, 30-31쪽
*** 1919년 2월 21일 강화회의와 조선독립운동에 관한 건

■ 전로국내조선인대회 참석자들

전로국내조선인대회의는 귀화여부에 상관없이 그 성격상 국적에 차별없이 러시아에 거주하는 모든 한인들이 참여하여 논의하는 회의였다. 그러므로 김진이 추풍의 한강일에게 보낸 편지에서도 짐작할 수 있는 바와 같이 러시아 각지에 있는 독립운동가들에게 참여를 요청하였다. 그러나 이 회의에는 원래부터 당시 러시아 지역 외에 중국에서 활동하던 독립운동가들도 참여하게 되어 있었다. 1919년 2월 22일 한인 단속을 위하여 일본 측이 러시아관헌에게 제시한 조선인단속에 대한 신청요지에,

평화회의 기회를 이용하여 한국독립운동을 시도함과 동시에 블라디보스토크 또는 니코리스크에 임시정부와 같은 것을 조직하기 위해 2월 말일 블라디보스토크에서 중국령 및 노령재주선인 대표자회를 개최하고 본건을 협의할 예정으로 간도에서는 이미 3인의 대표자가 블라디보스토크에 도착하고 있다는 취지의 확실한 정보가 있다.[*]

---

[*] 국회 3, 28-29쪽.

라고 있는 점을 통하여도 이 회의에 중국지역에서도 독립운동가들의 참여하게 되어 있었던 것 같다. 그러므로 우선 2월 25일 회의에는 노령지역의 대표가 참여하였다. 아울러 서간도지역에서 온 3명의 대표가 참여하였다.* 그들은 2월 20일 김하구와 동행하여 우수리스크에 갔다가 24일 블라디보스토크로 돌아왔다. 그리고 우수리스크에서 한군명(韓君明)과 함께 활동하였으며, 블라디보스토크에서는 함경북도 출신들과 빈번히 함께 하였다.** 이런 점을 통해서 볼 때, 서간도에서 파견되어 온 인물들은 함경도 출신들이 아닌가 추측된다.

한편 북간도 지역에서도 대표들이 파견되어 왔다. 러시아지역 독립운동가들은 1919년 1월 경 한족독립선언서 제작과 공식발표에 대한 사전 논의를 전개하기 위하여 노령지역과 국경을 접하고 있는 간도지역에 간도대표자를 파견해달라고 요청하였다. 이때 러사아지역 독립운동들은 한족독립선언서를 발표할 주체로서 임시정부로서 대한국민의회를 염두에 두고 있었으므로 대한국민의회와 관련된 내용을 만주지역에도 통고하였을 것으로 생각된다. 그리하여 간도지역에서는 1월 25일 국가가 소영자에서 약 20여명이 비밀회의를 개최하

---

* 국회 3, 28-29쪽.
** 국회 3, 36쪽.

고 러시아에 파견할 대표자를 선정하는 논의를 하였다. 이에 명동기독교학교교장 김약연, 용정촌 기독교 전도사 정재면, 국자가 중국권학소(中國勸學所) 학무원 이중집(李仲執) 등 3명을 선정하고 수행원으로는 국자가 와룡동 교사 정기영(鄭基英)을 선출하였다.* 한편 2월 4일 명동에서 개최된 회의에서는 임시정부를 조직하여 본부를 노령에 두고, 노령에서 먼저 독립을 선언하되 그 당일로 내외지 동포가 한 목소리로 독립만세를 부르기로 결정하였다. 아울러 2월 10일에 용정시에서 회의를 재차 개최하여 명동회의의 의결안을 찬성하고 다만 임시정부는 국민의회로 인증하였다.**

이에 대표로 선출된 김약연, 정재면, 정기영 등 3명은 2월 11일에, 이중집은 2월 13일 노령으로 출발하였다.*** 한편 훈춘지역 대표로는 훈춘현 소구(蘇溝) 거주 양하구(梁河龜), 훈춘 기독교 전도사 박태환(朴兌桓) 등이 선출되었으나 2월 18일 훈춘 각지의 유력자가 훈춘 동문 안에 거주하는 박태환의 집에서 모여 훈춘 동문내(東門內) 문병호(文秉浩), 동 윤동철(尹東喆) 등으로 대표를 변경 선정되었다. 이들은 2월 20일 우수리

---

* 국회 3, 50–51쪽.
** 『동아공산』 14호 1921년 5월 10일자 김규찬이 쓴 북간도고려인혁명운동 략사
*** 국회 3, 51쪽

스크로 출발하였다.*

한편 재간도 조선인사립학교 및 중국학교에 통학하는 학생들은 한족독립운동을 원조하려고 행동을 개시하였다. 최근 이 지역의 학생대표인 명동학교 학생 유익현(劉益賢), 국가가 도립(道立)중학교 학생 최웅열(崔雄烈), 동 김필수(金弼守), 소영자(小營子) 광성(光成)학교 학생 김호(金豪), 정동(正東)중학교 학생 송창문(宋昌文) 등은 서로 의논하여 교내에서 한국독립운동에 대한 연설을 하고 학생들에게 민족의식을 고취시켰다. 명동학교 학생 유익현은 간도조선인학교의 대표자로서 노령에 있어서의 한족독립선언회의에 참석하려고 2월 16일 우수리스크로 향했다.** 2월 24일 용정촌 기독교 신자 임국정(林國貞)은 재노령독립선언 회의에 참석하기 위하여 우수리스크로 향했다.***

한편 국내에서는 김하석이 1919년 3월 8일 우수리스크에 갔다가 간도를 경유하여 블라디보스토크에 도착하였다.**** 김하석은 함북 성진출생으로 1919년 당시 38세였다. 1918년 간도에서 체포되어 국내로 압송되어 성진 경찰서에서 거

---

* 위와 같음.
** 국회 3, 53쪽.
*** 국회 3, 92쪽.
**** 국회 3, 47쪽.

류제한 처분을 받았던 인물이있다.[*] 이들 가운데 창립대회
에 참여한 대표는 북간도 서간도, 그리고 노령지역 대표들이
었다고 생각된다. 이들 대표들은 대회의 취지에 따라 임시정
부 조직에 대하여 검토하였을 것이다. 아울러 독립선언서의
제작, 공포, 그 이후의 시위운동, 시위 이후의 행동, 임시정부
조직 등에 대한 논의를 전개하였을 것으로 짐작된다. 아울러
주요 간부의 임명에 대하여도 논의가 전개하였을 것이다.

■ 러시아지역 임시정부, 대한국민의회 의장이 되다

일본측 정보기관은 1919년 3월 대한국민의회 조직과 관련
하여 다음과 같은 보고를 하고 있다.[**]

국민의회 조직에 관한 건
니콜리스크(우수리스크: 필자주)는 중앙총회 상설 위원 15명으로 국

---

* 국가보훈부, 김하석조
** 문서철명: 조선소요사건관계서류 공(共)7책 기7, 문서제목: 노국잡건, 문서
   수신번호:문서수신일자: 1919년 3월 25일, 문서발신번호: 조참밀(朝參密)
   제316호/첩보 제21호, 문서발신일자: 1919년 3월 20일

민의회를 조직하고, 2월 25일 상설위원장 원세훈(元世勳)이 국민
의회의 취지를 발표했다.

그리고 국민의회는 일반 국민의 의사를 대표하는 기관으로, 앞으
로 한국이 독립을 보게 될 때에 전러시아한족중앙총회 상설위원회
로써 이에 충당함은 한국 국민 전체의 의사를 대표할 수 없음을 유
감이라고 하나 제반의 사정에 따라 지금 전국민을 대표하는 국민
의회를 조직할 수 없으므로 상설위원회를 임시국민의회로 하고 장
래 한국이 독립하는 날을 당하여 임시 대통령을 선거하여 대외 문
제, 기타 내정, 외교의 일반의 일을 맡을 임시정부로 하는 데 있
다. 파리대표자 윤해(尹海)가 출발할 때 이미 이와 같은 책략을 상
설위원장 원세훈에게 맡긴 것이라 한다.

라고 있듯이, 1919년 2월 25일 국민의회를 조직하고, 상설위원
장 원세훈이 국민의회 취지를 발표하였음을 언급하고 있다.

1919년 2월 25일 개최된 창립대회에서 상설위원장 원세
훈은* 대한국민의회의 취지서를 발표하였다.** 중앙총회 상
설위원 15명으로써 장래 한국이 독립할 것에 대비하여 임시
대통령의 선거, 대외문제 등 일반의 정무를 장악할 기관으로
서 대한국민의회를 설립하고자 하였던 것이다. *** 즉, 본 회

---

* 원세훈은 함남 정평출신으로 1913년 간도에서 일본영사관의 체포를 피해
  1915년 노령으로 망명하였다(국가보훈부, 『독립유공자공훈록』 8, 439쪽)
** 국회 3, 108쪽.
*** 1919년 3월 4일 전보 포조(浦潮) 제439호

의에서는 현재 여러 사정에 따라 전국민을 대표하는 국민의회를 조직할 수 없으므로 상설위원회를 임시국민의회로 하기로 하였다. 그리고 이 임시국민의회의 역할은 장래 한국이 독립하는 날을 당하여 임시 대통령을 선거하여 대외의 문제, 기타 내정, 외교의 일반을 장리(掌理)할 임시정부로 하는데 있다고 하였다. 이러한 국민의회의 설립 계획은 앞서 언급한 바와 같이 파리강화회의 대표로 파견되는 윤해와 미리 상의되었던 부분이었다. 그리고 그 중심적인 생각은 윤해에 의해 작성되었으며, 윤해는 이를 상설위원장 원세훈에게 의탁하였던 것이다.*

전로국내조선인회의에서는 블라디보스토크에서 모여 국내외 국민들로부터 지지를 받는 임시정부적인 중앙기관을 우수리스크에 창설하는 한편 정부당국자를 인선하고자 하였다. 아울러 그들의 이름으로 일본 정부에 한국독립승인의 최후 통첩을 발송하고자 하였다. 그리고 만약 하등의 회답을 얻지 못할 경우 중국령 및 노령에 재주하는 조선인, 그리고 조선내지에 있는 조선인 일반의 명의로써 영구적인 혈전을 선언할 것을 결정하였다.**

---

* 국회 3, 108쪽.
** 국회 3, 37쪽

제10장

3·1운동을 주도하다

국내에서 3·1운동이 전개되자 러시아지역에서 1919년 3월 17일 오전 대한국민의회 의장 문창범은 우수리스크에서 독립선언서 발표식을 거행했다. 문창범은 특히 우수리스크 코르사코프카 거리에 있는 동흥소학교에서 만세운동을 주도하였다. 이에 일본헌병대는 물론 수비대와 러시아 군대도 출동해서 점차 해산되었다.

그리고 동일 오후에 블라디보스토크로 와서 독립선언과 시위운동을 지휘하였다. 당일 한인상점들과 학교들은 모두 문을 닫은 상태에서, 오후 3시경 한인 2명이 대한국민의회 의장 문창범, 부의장 김철훈 명의의 러시아어, 한글독립선언서를 일본정부에 전해달라는 요청서를 첨부하여 일본영사관

신한촌 한인독립운동기념비(블라디보스토크)

에 전달했다. 이와 동시에 러시아 관청과 11개국 영사관에도 선언서를 배부하였다.*

독립선언서는 회장 문창범, 부회장 김철훈, 서기 오창환의 명의로 되어 있을 뿐만 아니라 선언서 끝부분에 "오인(吾人)은 2천만의 조선국민의 명(名)에 있어서 그 완전한 주권이 하등의 제한없이 부흥되어질 것을 요구하고 그 모국(母國)에서의 독립과 주권과 재보(財寶)를 반환할 것을 요구하는 바이

---

* 불령단관계잡건-조선인의 부-재서비리아 7 〉 한국독립운동에 관한 건 1919년 3월 18일.

다"라고 하여 정부 당국자의 이름으로 독립을 요구하고 있다. 즉 이 독립선언서는 대한국민의회의 간부명의로 된 '독립승인요구서'라고 볼 수 있다.

오후 4시에는 신한촌 집집마다 태극기를 게양하였고, 대한국민의회 주최로 2만여 명의 동포들이 참여한 가운데 독립선언식을 거행하였다. 해가 진 오후 6시부터는 문창범의 지휘로 청년과 학생들이 시내로 몰려가 자동차 3대와 마차 2대에 분승하여 태극기를 흔들고 독립선언서를 배포하였다.[*]

한편 1919년 러시아지역에서 3·1운동 이후 이동휘가 적극적으로 무력양성활동을 전개하자 문창범은 김치보 등 원로들과 함께 적극적으로 자금 지원활동을 전개하였다. 특히 문창범은 최재형으로부터 대한국민의회의 사범학교 설립자금을 독립운동자금으로 전용했다고 해서 비판을 받을 정도였다.[**]

또한 문창범은 대한국민의회를 중심으로 국제연맹회의에 참가할 한인대표 김규식을 위한 여비모금 및 〈한족의 신임과 후원〉을 표시하기 위한 100만인 서명의 신임장 작성을

---

[*] 불령단관계잡건-조선인의 부-재서비리아 7 〉 한국독립운동에 관한 건 1919년 3월 18일, 불령단관계잡건-조선인의 부-재서비리아 7 〉 노령재주 선인의 독립운동에 관한 건 1919년 3월 26일.
[**] 위의 책, 173쪽 : 러시아령 조선인의 독립운동에 관한 건(국사편찬위원회, 『한국독립운동사』 36, 1919년 5월 5일).

위한 활동을 전개하였다. 대한국민의회 의장 문창범은 대한
국민의회 훈춘지회장 이명순(李明淳)과 공동성명으로 1919년
8월 3일자로 김규식에게 휴대케 할 신임장은 18세 이상 남녀
모두가 참가하도록 하였던 것이다.*

■ 3·1운동의 전개

1919년 3월 일본측 정보기관은 러시아지역에서 전개된
3·1운동에 대하여 다음과 같이 파악하고 있다.**

니콜리스크 한민회장 문창범은 이전부터 이번 운동에 필요한 비용
을 모집하는 것에 분주하며 "이번 독립 등의 거사는 개인의 문제가
아니고 조국을 위한 까닭에 조선인은 될 수 있는 있는 한 그 비용
을 제공하는 것이 지당하다. 그러므로 부자거나 천민이거나 불문
하고 그 신분에 따라 지출하라"고 설명하고 열심히 운동하므로 약

* 반병률, 「대한국민의회와 상해임시정부의 통합정부 수립운동」, 『한국민족운
  동사연구』 2, 1988, 104쪽.
** 문서철명: 조선소요사건관계서류 공7책, 문서제목: 중국잡건, 문서수신번
   호:, 문서수신일자: 1919년 3월 24일, 문서발신번호: 첩보 제19호(조참밀 제
   298호), 문서발신일자: 1919년 3월 18일,

| 143

러시아화 20만 루블을 모집할 수 있었다. 그리고 돈을 내는 자도 또한 상당히 열심이며 가난한 자도 기부하지 않는 자가 없이 거의 전부의 조선인이 이에 응하고 있는 것 같다.

노령지역의 독립운동가들은 2월 25일 전로국내조선인대회를 개최하여 독립선언서 제작 및 선포에 관한 준비를 하는 가운데 3월 8일 육로로 러시아에 온 다수의 조선인들로부터 조선에서 3·1운동이 발발하였다는 소식을 듣게 되었다. 이에 당일 블라디보스토크 신한촌 한민학교에서 개최된 기독청년회 석상에서 김하구는 국내에서의 만세소식을 설명하고, 한국의 독립을 선언하며, 동포들에게 민족의식을 크게 고양시켰다. 이에 흥분의 도가니에 들어선 동포들은 친일조선인을 처벌하고자 하였다. 이에 친일조선인 박용환(朴容煥)은 큰 위험에 처하였고 일본헌병에 의하여 간신히 구출되는 일도 있었다. 또한 국내에서 3·1운동이 전개되었다는 소식이 전해지자 3월 8일 신한촌에는 한국이 독립되었다는 장지(張紙)가 붙기도 하였다. 그러한 가운데 3월 10일을 전후하여 러시아 볼셰비키가 궐기한다는 항설(巷說)도 나돌아 신한촌은 술렁거렸으며, 일본과 러시아 당국의 경계가 삼엄하였다.*

---

* 국회 3, 37쪽.

국내에서의 만세운동 소식에 접한 대한국민의회에서는 만세운동을 전개하기 위하여 독립선언서를 작성하고자 하였다. 이 독립선언서는 박은식에 의하여 처음에 작성되었다. 그러나 그 내용이 온화하다고 하여 남공선(南公善), 김철훈 등이 좀더 과격한 표현으로 수정하였다. 그리고 독립선언서의 러시아 번역본은 러시아 정교회 목사 강한택(姜漢澤)이 담당하였다. 그는 서울에서 블라디보스토크로 와 교회 활동을 하고 있던 인물이었다. 그리고 러시아어 선언서의 교정 등은 러시아어 익숙한 김만겸(金萬謙)이 하였다. *

대한국민의회에서는 블라디보스토크에서 3월 15일 선언서를 발표하여, 한국의 독립을 만국에 선포하고자 하였다. 이어서 자동차 20대에 부녀자를 분승시켜 이들을 선두로 하여 시중을 돌아 다니는 등 일대 시위운동을 전개하고자 하였다. 그러므로 이를 위한 준비로 14일 집집마다 태극기를 배부하고 경비로 5루블씩 징수하였다 또한 블라디보스토크에서 학생, 청년 1천명을 간도로 보내어 동지 청년 8,9천명과 회합하여 국내로 진공하려는 계획을 짜고 있었다.**

그러나 3월 15일을 기해 블라디보스토크에서 전개할 예

---

* 1919년 4월 1일 선인의 행동에 관한 건
** 국회 3, 69쪽.

정이었던 만세운동은 계획대로 추진될 수 없었다. 우선 외국 영사관 등에 배포할 러시아어와 영문으로 된 독립선언서가 완성되지 못하였던 것이다. 다음으로는 운동을 전개하고자 한 블라디보스토크에 계엄령이 선포되어 있어 만세운동이 전개될 경우 심한 탄압과 더불어 한인들의 희생이 예상되었기 때문이었다. 또한 러시아당국이 한인들의 집회를 허락하지 않았을 뿐만 아니라 한인독립운동의 중심이었던 신한촌 민회를 러시아관헌들이 패쇄시켰던 것이다. 이에 대한국민의회에서는 우수리스크 등 계엄령이 시행되지 않는 지역에서 만세운동을 전개하고자 하였다. *

결국 러시아지역에서의 3·1운동은 블라디보스토크에서 열리지 못하고 니코리스크에서 개최되었다. 3월 17일 오전 아침 일찍 조선독립선언서가 각 조선인의 집에 투입되었다. 그리하여 오전 9시경 다수의 조선인이 참가한 가운데 코르사코프가 거리에 있는 동흥학교(東興學校) 앞 광장에서 만세운동이 전개되었다.** 이에 놀란 일본 헌병대는 물론 수비대가 바로 취체를 러시아관헌에게 요청하여 러시아관헌은 공포 50발을 발사하여 오전 11시 20분경 참여한 군중들을 해산시

* 국회 3, 73쪽.
** 1919년 3월 니시와 스파스카 선인 독립운동에 관한 건

켰다. 아울러 이때 러시아 당국도 당시 독립선언서를 배포한 조선인 사범학교 학생 4명을 체포하였다.*

블라디보스토크에서는 우수리스크로부터 문창범이 오면서 적극적인 운동을 시작하였다.** 3월 17일 오후 3시 조선인 2명이 한글과 러시아어로 된 독립선언서를 블라디보스토크 일본총영사관에 전달하였다.*** 이일을 담당한 인물은 오성묵(吳成黙)과 김 아파나시였다.**** 오성묵은 독립선언서를 우스리스크에서 인쇄하여 그의 처 신혜가 문건을 옷속에 숨기고 어린아이의 손을 잡고 블라디보스토크에 도착하였다. 그리고 시위운동가들은 18일 아침에 시위 문건을 전달받았다.*****

오후 4시경 신한촌에서 학생 등 다수의 조선인이 모여서 큰길에서 연설을 하고, 독립선언서를 배포하고 집집마다 국기를 게양하고 만세를 불렀다. 이에 일본측이 러시아관헌에게 제제를 요구하자 학생들은 집회 장소를 신한촌에서 시내

---

* 1919년 3월 니시와 스파스카 선인 독립선언에 관한 건; 『배일선인유력자명부』, 문창범조; 국회3, 98쪽.
** 1919년 3월 19일 블라디보스토크로부터의 전보
*** 1919년 3월 18일 한국독립운동에 관한 건
**** 김 블라지미르 저 박환편, 『재소한인의 항일투쟁과 수난사』, 국학자료원, 1997, 173쪽; 마트베이저 이준형역, 『일제하 시베리아의 한인사회주의자들』, 역사바평사, 1990, 140쪽, 144쪽.)
***** 김 마트베이, 앞의 책, 144쪽.

로 변경하였다. 학생들은 점차 어두워져 안면을 식별할 수 없는 틈을 타서 시중에서 자동차 3대, 마차 2대에 나누어 타고 가도를 달리며, 구한국기를 차위에서 흔들며 만세를 불렀다. 아울러 차위에서 독립선언서를 배포하는 등의 행동을 전개하자 일본측은 러시아요새사령관에게 엄히 취재를 요구하였다. 한편 17일밤 자동차로 시위를 전개할 때 자동차에 이양록(李陽祿), 이종일(李鍾一), 방원병(方元炳) 등이 탑승하였는데 이종일과 방원병이 러시아관헌에게 연행되었다가 새벽 4시에 방면되었다.* 한편 재러동포들은 의도적으로 일본군사령부 앞에서 독립만세를 고창하기도 하였다.**

한편 재러동포들은 시위운동을 전개하는 외에 3월 17일 블라디보스토크에 있는 11개국 영사관 과 6개의 러시아 관청에도 선언서를 배포하였다. 그 중 각국 영사관에 선언서를 배포할 때에는 영사에게 면회를 요구하였으며, 본국 정부에 전달해줄 것을 요청하였다.*** 그런데 영국영사는 부재중이라고 하여 면회를 거절하였고, 미국 및 중국 영사는 재러동포들을 크게 환대하고 그 뜻을 본국정부에 정문정보로 보내겠

---

* 국회 3, 240쪽; 1919년 3월 18일 한국독립운동에 관한 건
** 국회 2, 343쪽.
*** 1919년 3월 18일 한국독립운동에 관한 건. 국회 2, 343쪽

다고 하였다.*

18일 다시 시위가 일어날 기세가 있자 야마구찌(山口) 일본부영사는 러시아 요새사령관을 찾아가서 17일 사건에 대해 이야기하고 보다 강력한 진압을 요구하였다. 아울러 대한국민의회 의장 문창범의 체포를 요구하고 모든 종류의 불온한 집회가 항상 조선인 학교 내에서 이루어지고 있다고 지적하고 학교에 대한 충분한 주의를 요구하였다. 이에 러시아요새사령관은 이를 허락하였다.** 한편 3월 18일 국민의회의 명령에 따라 조선인노동자들이 모두 휴업하고 신한촌에 집결하였다.***

러시아지역의 3·1운동은 블라디보스토크와 우수리스크 외에 다른 지역에서도 활발히 전개되었다. 우수리스크와 블라디보스토크 중간지점에 위치한 라즈돌리노예의 경우 우수리스크에서 만세운동에 참여한 약 100명이 라즈돌리노예에 도착하여 운동을 전개하려고 계획하였다.**** 그리고 3월 21일에는 재러동포 약 300명이 모여 일본군대를 습격하고자 하였다. 이에 놀란 동지 분견대장은 러시아 위수 사령관에

* 1919년 3월 18일 한국독립운동에 관한 건
** 1919년 3월 18일 한국독립운동에 관한 건
*** 국회 3, 98쪽.
**** 국회 3, 98쪽

게 이를 통보했고, 재러동포들은 러시아민병에 의해 해산당하였다.* 한편 하바로프스크 청년회장 오성묵은 3월 27일 라즈도리노예에 와서 동지 한족회 사무실에 조선인청년 3천여명을 소집하여 결사대 가입을 권유하였다. 이에 가입한 자가 약 400명에 달하였다고 한다.**

3월 18일 스파스크에서도 독립선언서의 배포와 동시에 재러동포 500여명이 모여 만세운동을 전개하였다. 이에 놀란 러시아관헌은 일본군 약 20명의 도움을 받고서야 동포들을 해산시킬 수 있을 정도로 만세운동이 활발히 전개되었다. 한편 진압과정에서 동포 수명이 경상을 입는 사태가 발생하였다.***

국경지대인 연추 및 포시에트 지역에서도 만세운동을 전개하고자 하였다. 그리하여 각 지방에서 수백명의 항일운동가들이 모여들고 있었으므로, 이 지역에 주둔하고 있는 일본 수비대와 헌병들이 주야로 엄중한 경계를 하였다. 그러한 가운데 독립운동가들은 연추시와 상소(上所), 중소(中所), 하소(下所)의 남녀노소들에게 조선이 미국과 프랑스 양국의 원조에

---

* 국회 3, 121쪽, 358쪽.
** 국회 3, 474쪽.
*** 1919년 3월 19일 니시(尼市)와 스파스카 선인독립선언에 관한 건

의하여 독립을 승인받는다고 선전하였다. 그리고 연추조선인민회장 한 안찐, 부회장과 동지 유력자인 정(鄭) 표토르, 채(蔡) 노야 등은 3월 초순부터 1만 700루불의 기부금을 거두어 한족상설위원회 위원 엄인섭에게 기탁해서 중앙상설회장에게 송금하게 하였다.* 그리고 연추에서는 3월 30일 오전 10시 경부터 오후 2시까지 약 100여명의 동포들이 한용택(韓龍宅)의 주도하에 만세운동을 전개하였다. 이 운동은 연추의 하별리(下別里) 사람들과 학생들이 중심이 되었다.**

한편 조선과 중국과 국경을 연하고 있는 두만강 녹도(鹿島) 지역에서도 만세운동이 전개되었다. 4월 3일 토리(土里) 대안 녹도에는 연추에 있는 조선인자치단체로부터 조선독립선언식을 거행한다는 소식이 전해졌다. 이에 녹도 러시아학교 학생들과*** 학부형, 그리고 이 지역의 유력자 약 40명은 학교에 모여 독립운동을 전개할 방법을 모색하였다. 특히 이들은 북한지역과 국경을 접하고 있었으므로 국내의 청진, 웅기(현재 선봉) 지방과 서로 호응하여 만세운동을 전개하고자 하였다.**** 이어 4월 6일 블라디보스토크에서 온 김(金)모, 이(李)

---

* 1919년 3월 19일 연추지방 선인 상황보고의 건
** 1919년 4월 25일 불령선인의 상황−노우끼예브스코예 선인시위운동 상황.
*** 1916년 당시 녹도에 있는 보통학교의 경우 조선인 교사 2명, 남학생 110명, 여학생 40명 등이었다(『현대사자료』 27, 167쪽)
**** 국회 3, 294쪽.

모 등이 말을 타고 각부락 유력자 및 각 학교를 방문하고 선언서를 배부하였다. 이에 4월 7일 시위운동을 전개하기로 결정하고 4월 7일 오전에 녹둔지방 주민들은 태극기를 게양하고 만세운동을 전개하였는데, 그 중 특히 학생들은 열광적으로 만세를 불렀다. 오후부터는 노령 및 중국령 각지로부터 학생들이 몰려 왔으며, 이날 중국령 방천동(防川洞) 서당교사는 약 30명의 학생들을 지휘하여 나팔을 불고 만세를 고창하여 더욱 분위기를 복돋우었다. 오후 3시경에는 녹도부근 고지(高地)에서 약 1천명이 모여 독립만세를 높이 부른 후 해산하였다.* 이처럼 녹도지역은 중국지역과 국경을 접하고 있었으므로 중국동포들과 러시아지역 동포들이 함께 만세운동을 전개한 특징을 보이고 있다.

1919년 4월 경 경흥군 고읍(古邑) 대안 향산동(香山洞)에서도 각 학교 생도가 중심이 되어 만세운동을 계획하였으며 이 비용을 충당하기 위해 김병완(金秉完)외 2명(모두 원래 러시아군인)은 기부금 모집에 종사하였다..**

한편 블라디보스토크와 우수리스크에서 전개된 3·1운동은 러시아의 오지에도 전달되어 3·1운동을 준비하거나 또는 구

---

* 국회 3, 341쪽.
** 국회 3, 306쪽.

체적으로 실행되는 등 활발한 모습을 보여주고 있다. 귀화한 인이 다수 거주하는 니콜라예프스크에서 재러동포들은 러시아관청에 선언서를 제출하고 4월 2일 블라디보스토크의 예를 모방해서 만세운동을 전개하였던 것이다.* 또한 하바로프스크에서도 만세운동이 전개되었다. 이곳 하바로프스크에서는 3월 초순 이래 하바로브스크시 부근 조선인부락에 블라디보스토크로부터 한국독립운동 자금 모금을 위해 다수의 권유원이 파견되어 자금 모금을 위하여 노력하였다. 하바로브스크에서는 3월 15-16일 경에는 조선인 청년회원 약 7-8천명이 정거장 북방의 부락에 모여서 항일시위를 전개하였다.**

또한 이르쿠츠크 동포들도 남창식(南昌植), 김남묵(金南默), 조도선(趙道善) 등이 중심이 되어 4월 7일 재류민총회를 개최하고 동포 각 집에 구한국기를 게양하는 한편 만세운동을 전개하였다. 이때 참석한 동포수는 700여명에 이르렀다.*** 또

* 1919년 4월 3일 니콜라예브스크 발. 『국민성』(1919년 4월 2일 창간, 주간, 한족연합회 발행, 니꼴라예프스크)7호(1919년 5월 11일발행)에는 장달현의 〈기서〉 대한독립소식에 대하여가, 그리고 『국민성』8호(1919년 5월 18일)에는 대한독립선언에 대하여(속)가, 그리고 9호(1919년 5월 25일)에는 한인신보를 번역하여 국내 및 간도, 훈춘의 3·1운동을 소개하고 있다. 『국민성』 3호-9호, 11-12호는 국사편찬위원회에 소장되어 있다.
** 1919년 3월 22일 재하바로프스크로부터의 전보
*** 1919년 4월 19일 재시베리아 선인의 행동에 관한 건:이르쿠츠크에서는 1919년 5월 1일 대한국민의회 명의로 러시아어로 독립선언서를 발표하였

한 치타에 거주하는 동포 약 800여명도 김창원(金昌元), 이군태(李君泰), 김현보(金玄甫), 김원현(金元玄), 김한명(金漢明) 등이 중심이 되어 4월 20일 독립선언을 추진하였다.*

고(러시아연방국립문서보관소 문서번호 200-1-535), 이 문서는 현재 독립기념관에 소장되어 있다.
* 1919년 4월 19일 재시베리아 선인의 행동에 관한 건

러시아 지역 3·1운동 1주년 기념식

3 1운동이 일어난 1년 후인 1920년 3월 1일, 블라디보스토크에서는 독립선언기념축하식이 거행되었다. 당일의 기념식에 대해 상해의 독립신문 1920년 3월 6일자는 다음과 같은 보도를 하였다.

해삼위 동포는 지난 3월 1일 성대한 독립선언기념축하식을 거행하였는대 모인자 약 2만이라. 20여인은 열변으로 대한의 독립은 피를 흘려야 할지니, 동포여 무력을 예비하라. 져 폭악한 적과 최후의 싸움을 할 결심을 가지라 절규하다.

폐식후 오후 4시에 만찬회를 열었는대 러시아와 중국의 신문기자, 상업가 등도 참석하다. 석상에서 이발, 김치보, 김하구 제씨는 일본의 대러시아중국정책을 연설하야 한국 러시아 중국 삼국연합의 필요를 고창하고 러시아인 기자들도 간곡한 답사를 하였다.

고려영(高麗營) 후변(後邊)에서는 동포 1,000여인이 축 대한독립선언기념회 대한민국만만세라 쓴 크고 작은 깃발 수십장을 가지고 러시아인 군악대의 주악속에서 행보를 한 후 한국만세를 제창하고 두부대로 나누어 시내를 행진하였다.

이날 주둔 중인 일본군은 형세에 황겁하야 무장출동하엿는대, 러시아혁명군은 이에 대항키로 역시 무장하고 한인을 보호하였다. 일본군이 감히 발포치 못함으로 충돌은 발생하지 아니하였다.

신한촌의 3.1운동 기념식

신한촌의 3.1운동 기념식

3 1운동 1주년 기념식을 준비한 주체는 대한국민의회와 신한촌 민회였다. 블라디보스토크의 한인들은 2월 말부터 대한민국임시정부 국무총리 이동휘의 부친인 이발을 회장으로 한 '대한독립선언기념회'를 조직하고 성대한 기념식을 준비하였다. 이 기념식에는 블라디보스토크 주재 각국 영사, 러시아 관헌 그리고 각 신문사의 대표들이 초청되었다. 그리하여 3월 1일 신한촌에서 20여개 단체가 참가한 기념식이 개최되었다.

기념식에는 러시아사회민주당 대표로 로렌이 참석하여 축사를 하였으며, 볼셰비키의 대표로 유크발노쏘바가 축사를 하였다. 그 외에도 임시정부 육해군총사령관의 부관, 블라디보스토크시 위수사령관 등 혁명정부 대표자와 크라스노예 즈나먀(붉은 기)지 등 유수의 러시아 신문사 대표자, 라트비아 대표인 동양학원 슈미트 교수를 비롯한 각국의 영사들 그리고 중화상보(中華商報) 주필 및 기자, 중국상무총회(中國商務總會) 회장 등 블라디보스토크시 각 사회단체 대표자들이 참가하였다. 당시 연해주에 출병하였던 일본군은 비상태세를 갖추고 무장출동을 계획하였지만, 러시아혁명군의 견제로 기념식을 그냥 두고 볼 수밖에 없었다.

대한국민의회 독립선언서에
대표자로 서명하다

문창범은 1919년 2월 만주와 연해주 및 중국, 미국 등 해외에서 활동 중인 독립운동가 39명 명의로 발표된 「대한독립선언서」에 서명하였다. 조소앙이 기초한 선언서에는 사기와 강박으로 이루어진 일본과의 병합은 무효이며 육탄 혈전으로라도 독립을 쟁취할 것이라는 내용이 담겨있다.

문창범은 만주 길림에서 배포된 대한독립선언서에* 만주·러시아령지역 한인독립운동의 중심인물 39명과 함께 하였던 것이다. 문창범과 함께 서명한 인물로는 김교헌·김동삼·조소앙·신규식·정재관·여준·박찬익·박은식·이시영·이상룡·윤세복·이동녕·이세영·유동열·이광·안정근·김좌진·김

* 불령단관계잡건-조선인의 부-재구미 3 〉 대한독립선언서(무오독립선언서, 1919. 2).

학만·이대위·손일민·최병학·신채호·허혁·박용만·김규식·
이승만·조성환·김약연·이동녕·이종탁·이동휘·이탁·이봉
우·박성태·안창호 등 당시 해외 독립운동을 이끌었던 다수
의 독립운동가 등이었다.[*]

한편 러시아에서 대한국민의회가 발표한 독립선언서는 내
용과 형식을 달리하는 두 종류가 있다. 하나는 3월 17일 오전
니콜스크-우수리스크와 오후 블라디보스토크에서의 독립선
언식에서 공포된 것으로, 대한독립선언서라는 제목으로 국
민의회 의장 문창범우.아.문, 부의장 김철훈, 서기 오창환의
명의로 된 것으로 당일 일본과 각국 영사관·러시아관청에
전달된 선언서이다. 선언서 끝부분에 "니콜스크·우수리스크
에서"라고 제작·발표 장소가 명기되어 있다. 현재 러시아어
와 영문이 남아 있다.

이 대한국민의회의 독립선언서는 박은식이 기초하고 남공
선과 김철훈이 수정하였으며, 러시아어본은 강한택이 러시
아어로 번역한 것이다. 그리하여 러시아 3·1독립선언서는 망
명지사인 박은식·남공선 등 여호인과 김철훈·강한택 등 원
호인간의 합작품이라 할 수 있다. 일본관헌의 정보에 따르

---

[*] 대한독립선언서(1919.2).

大韓獨立宣言書

대한독립선언서(길림)

면, 박은식이 한문으로 독립선언서를 기안하였고, 이를 남공선과 김철훈이 보고는 "문안이 너무 온화(溫和)"하여 문귀의 첨삭을 가하여 많이 개찬(改竄)하였다. 이를 서울에서 블라디보스토크로 온 러시아정교 목사 강한택이 러시아어로 번역한 후 김만겸이 자구의 오류를 정정하였다고 한다. 러시아어 선언서 가운데 부회장 "알렉산드르 김"의 서명이 말소되어 있는데, 이는 김알렉산드르가 러시아선언서의 문귀가 자못 지나치게 진보적이어서 '과격파 취미'를 띠고 있다는 혐의를 받을까 우려하여 서명을 거절했기 때문이었다.

다른 하나는 3월 17일 독립선언식 당시, 또는 그 이후에 발표된 것으로 추정되는 것이다. 필자가 아는 바로는 현재 한글과 한문 2종이 남아 있다. 흔히 알려진 재일본동경유학생들의 조선독립단의 2·8독립선언서를 참조하여 작성되고, 널리 알려진 대한국민의회의 결의안 5개항이 첨부된 선언서가 바로 이것이다.

대한국민의회의 독립선언서 작성은 대한국민의회 의장인 문창범이 주도했고, 두 종류 모두에 문창범이 이름이 적혀 있다. 첫 번째 러시아어 독립선언서에는 대한국민의회 간부들과 함께 두번째 한문 독립선언서에는 한자로 문창범이란 이름이 적혀있다. 이들 독립선언서를 보면 다음과 같다.

Деклараців независимости Кореи.

Никогда, как нынѣ, в сл зх, полных такого новаго значенiя, не была так торжественно провозглашена проблема о человѣчествѣ. Мир должен быть спасен от гибели; в основу переустройства мi вой жизни должны быть положены i зыблемые принципы свободы, равенства, братства и самоопредѣленiя народов.

Однако еще не выполнено торжественное обѣщанiе союзных держав, в силу котораго всѣм была бы оказана справедливость, и был бы обезпечен прочный мир всего мiра.

К великому сожалѣнiю, под маской лойяльности на мiровую арену выступил явный, организованный враг демократiи. Поэтому весь мiр теперь чувствует, что величайшiя жертвы минувшей войны, принесенныя всѣм человѣчеством во имя лучшаго будущаго, были напрасными и мира не будет в мiрѣ, ибо такое горькое сознанiе внушает теперь наглое торжество опредѣленных сил, являющихся безусловным злом и врагом человѣчества.

Такой опредѣленно враждебной силой является прежде всего милитаристическая Японiя Послѣдняя, даже задрапированная теперь, по духу времени, в тогу демократiи в лицѣ нынѣшняго правительства Хара, конечно, не измѣнила своей настоящей сущности.

Именно Японiя в своей политикѣ до послѣдняго момента является самой ярной вдохновительницей милитаризма.

В 1868 году Японiя завладѣла Хокайдо, в 1895 году посягнула на свободу Формозы, тою же окровавленной рукой она аннексировала Корею, похитив ея независимость и свободу, и затѣм в 1916 году она предъявляла Китаю знаменитое „21 требованiе" и т. д. и т. д.

А теперь и Россiя испытыв ет грозное дѣйствiе японскаго мили зма, развивающаго по отношенiю к посл аней самые цинично-алчные аппетиты вплоть до контроля над всей Сибирью.

Само собою разумѣется, что интервенцiя Японiи в Сибири явилась ради достиженiя своекорыстных цѣлей, а не в интересах помощи Россiи и Чехо-Словакам, как лицемѣрно о том заявляла Японiя.

Кромѣ того Японiей организованы информацiонныя агентства по всему Китаю в цѣлях военно-политическаго шпiонажа, в жертву которому приносятся всѣ китайскiе интересы.

Милитаристическiя вожделѣнiя Японiи распространяются не только на материк, но и на океаническiе острова. Существует в Японiи тайное общество, которое руководит внѣшней политикой, направленной на экономическое завоеванiе островов Филиппинских, Малайских и др.

Таким образом Японiя мечтает о том, чтобы стать мiровой имперiалистической державой. Это тот реальный факт, который уже давно подтвердился таким международным актом, как аннексiя Кореи.

В то время, когда Японiя аннексировала Корею, к сожалѣнiю, мiр отнесся к этому безучастно. Теперь-же Я нiя для всего мiра представляет ту оп асность, которая не будет устранена до тѣх пор, пока в ея руках будет находиться Корея.

Поэтому насталъ теперь тот момент, когда приходится болѣе серьезно остановиться на том, какую же роль играет корейскiй вопрос в отношенiи всеобщаго мира.

Союзныя державы должны обратить на этот вопрос особенное вниманiе, если он мир на Дальнем Востокѣ разсматривают в плоскости необходимаго условiя для поддержанiя общаго мира. По сему разрѣшенiе дальневосточнаго вопроса не легче, чѣм разрѣшенiе нѣмецкаго вопроса в прошлом, так как он угрожает в будущем еще болѣе ужасной новой войной, если останется не разрѣшенным теперь-же корейскiй вопрос.

Корея по своему положенiю, в отношенiях географическом и стратегическом, в дальневосточном вопросѣ является ключом Восточной Азiи. Поэтому разрѣшенiе дальневосточной проблемы возможно только в том случаѣ, если перерѣшить вопрос о Корѣѣ, и особенно потому, что Корея для Японiи—дверь, без которой вся совокупность японских сухопутно-морских сил не дѣйствительна.

Обращаясь теперь к положенiю дѣл в Корѣѣ, мы, прежде всего, для характеристики корейцев, как культурной нацiи позволим себѣ сослаться на тот историческiй факт, не оспариваемый даже самими японцами, что корейцы, как представители нацiи, имѣющей за собою четырехтысячелѣтнюю исторiю, будучи в свое время учителями Японiи, рука об руку с китайцами не мало содѣйствовали расцвѣту великой самобытной культуры Восточной Азiи.

С того самого момента, ак Корея лишилась независимости она в тисках японской политики, принѣняе Я по отношенiю к ней, утратила всякую возможность свободнаго развитiя. Существованiе корейской нацiи в таких словiях станет невозможным в дальнѣйшем, хотя Японiя всегда пытается завѣрить весь мiр, что она де печется об экономических и прочих интересах корейцев, но объективная оцѣнка таких завоеванiй показывает, насколько они выдерживают критику, являясь не боль-

ше, ни меньше, как средством замаскированія самых непригладных своих дѣяніЙ'
выражающихся в безпощадном выжиманіи всѣх жизненных соков страны, в также
и в самом безбожном притѣсненіи населенія.

Корейскій эрод в своей собственной странѣ не пользуется никакой граждан-
ской свободой, .н лишен всяких прав участія в политической жизни страны, кроме
права несенія непомѣрно тяжелой налоговой повин⁣ ти.

Под насиліем японскихъ жандармов и полицейскихъ, несчастная страна обречена на
полное разоре ; и нищету.

При отсутствіи необходимых и самых элементарных свобод собранія, слова и пе-
чати, корейскій народ не имѣет возможности даже открыто реагировать на весь ужас
своего положенія, пожаловаться на обиду и несправедливость.

Все просвѣщенное, подающее надежду, подвергается безпощадному гоненію со
стороны японских властей, всякая попытка к болѣе или менѣе широкому содѣйствію
просвѣщенію масс признается политической неблагонадежностью и зверски пре-
слѣдуется.

И это в то самое время, когда корейскому народу особенно нужны просвѣщеніе
и духовное развитіе!

В настоящее время христианство в Кореѣ прiобрѣло значеніе національной рели-
гіи. Значеніе христіанства для жаждущаго свободы корейскаго народа огромно, так
как оно служит самым лучшим проводником демократических идей Запада, идей
свободы и братства. Потому немудрено, что христіанство в Кореѣ, так же подвер-
гается гоненію, каковое, между прочим, имѣло мѣсто и в 1911—1912 г.г. под пред-
логом раскрытія политическаго заговора против тогдашняго генерал-губернатора Кореи
гр. Терауч.

Тогда было арестовано болѣе двухсот христіан, которые были подвергнуты самой
жестокой системѣ всевозможных пыток, практикующихся японцами по отношенію к
своим политическим врагам—корейцам.

Весьма безотрадное явленіе представляет собою также и современное положеніе
народнаго образованія в Кореѣ

За десять лѣт своего правленія в Кореѣ японцы не создали ни одной высшей
школы, вопре ч все возрастающей потребности в н населенія, а что же касается
начальных и едних школ, то в основу их преобразованія положили грубо-шовини-
стическую тенденцію ассимиляціи корейцев, путем обязательнаго введенія японскаго
языка в качествѣ „отечественнаго" и изъятія из школьной программы преподаванія
родной исторіи и литературы.

Вся совокупность японской политики в Кореѣ направлена к тому, чтобы путем
самых чудовищных средств, оправдывающих их конечную цѣль, закрѣпить оконча-
тельно за собою Корею, как необходимый опорный пункт для развитія своих
милитарических притязаній, направленных вглубь материка, откуда она уже развер-
тывает во всей шири свое"военное могущество, являющееся постоянной угрозой миру
на Дальнем Востокѣ и миру всего человѣчества.

Такой не разрастающійся милитаризм Японіи не может быть терпим во имя
всеобщаго мира, во имя закрѣпленія великих принципов мировой демократіи, во имя
справедливости во имя свободнаго культурнаго развитія каждой національности.

И мірова эмократія по этому поводу должна сказать свое, правдивое вѣское слово.

Корейскій народ, томящійся в желѣзных тисках понскаго милитаризма, взывает
к миру и спр едливости, что Японія ради достиже і цѣлей своего военнаго могу-
щества, ради удержанія за собою Кореи, в своей политикѣ по отношенію к послѣд-
ней, стремится в самом корнѣ подорвать благополучіе и всѣ жизненные, ресурсы
корейскаго народа, но корейскій народ твердо и опредѣленно заявляет, что он ни-
когда, ни при каких испытаніях, не падал духом, а мужественно нес свой тяжелый
крест, не переставая лелѣять излюбленную мысль бороться всѣми силами за свою
независимость, свободу и счастье.

И этот великій час нынѣ пробил.

Мы заявляем всему цивилизованному міру, что Корея не была покорена Японіей,
а захвачена ею самым разбойным вѣроломством.

Мы от имени всего двадцатимилліоннаго корейскаго народа требуем возстанов-
ленія его полнаго суверенитета без каких бы то ни было ограниченій, требуем воз-
вращенія ему независимости и его суверенных прав на его родную страну и досто-
янія.

Во имя того, чтобы добиться своих священных прав на независимое и свобод-
ное существованіе, мы не остановимся и перед самыми величайшими жертвами, если
это окажется необходимым.

Мы смѣло пойдем против деспотов и тиранов в священной борьбѣ за свободу,
за справедливость, за общій мир и лучшіе идеалы человѣчества.

И за нами вся демократія міра.

17 марта 1919 года.   Предсѣда ль Корейскаго
Г. Никольск-Уссурійскій.   Націо льнаго Совѣта В. Я. Мун.

                           Товарищи предсѣдателя Ким-чхе-рун.

                           Секретарь О-чанг-хван.

러시아 연해주 독립선언서(러시아 거주 개인 소장)

제1독립선언서

조선독립선언서

무릇 인도문제人道問題에 취취就하여는 현시現時에 있어서와 같이 기其참신嶄新한 의의意義를 엄숙嚴肅히 선명宣明되었던 일이 없다. 동포주의同胞主義급及평화는 영구히 구출救出되지 아니하면 아니된다. 자유, 평등, 동포주의同胞主義급及민족자결주의民族自決主義의 불변不變의 정의正義는 개조改造된 세계적世界的생활의 기초基礎위에 안치安置되어야 할 것이다. 연然이나 정의와 영구적 평화의 보증保證을 일반一般에게 약속約束한 연합여국聯合與國의 당당堂堂한 공약公約은 아직 수행遂行되지 아니하고 있다.

피彼의 조직組織있는 민주주의의 공적公敵이 정의의 가면假面을 피被하고 세계적 무대舞臺에 출동出動한 사사事는 오인吾人의 깊이 유감遺憾으로 삼는 바이다. 천하만민天下萬民은 기其선량善良한 장래將來를 위爲하여 현전역現戰役에서 바친 위대偉大한 희생犧牲은 지금只今에 무효無效로 귀歸하고 세계의 평화는 드디어 기기期할 수 없을는 지를 비관悲觀하게 되어가고 있다. 이는 대개大槪피彼의 인도人道의 죄악

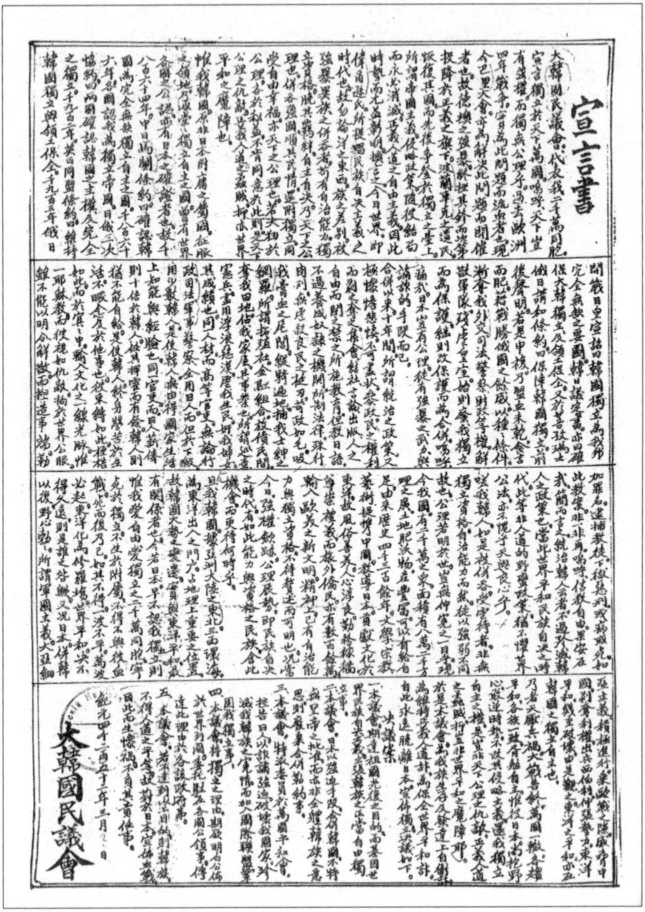

宣言書

大韓國民議會。代表我二千萬同胞。

紀元四千二百五十二年三月 日

大韓國民議會

대한국민의회 독립선언서(한문)

罪惡이며 공적公敵인 일종一種의 세력勢力의 적나라赤裸裸한 승리勝利에 의依하여 사멸하는바 관념觀念이라 하겠다.

인도人道의 공적公敵인 세력勢力으로서는 피彼의 군국주의軍國主義의 일본日本은그 최最되는 것이다. 피彼는 지금只今에 원인각原因閣의 명名으로서 민주주의民主主義의 외피하外被下에 현대적現代的사조思潮를 가장假裝한다 하더라도 피彼는 결決코 기其현실現實의 진상眞相을 변경變更하는 것이 아닌 것은 물론勿論이다. 일본日本이야말로 기其최후最後의 순간瞬間에 지至할 때까지도 기其정략상政略上가장 열열熱烈한 군국주의軍國主義의 선전자宣傳者인 것이다. 일천팔백육십팔년一千八百六十八年일본日本은 북해도北海道를 점령占領하고 일천팔백구십오년一千八百九十五年대만도臺灣島의 자유自由를 제어制御하고 기其피문은 손으로 조선朝鮮을 병합倂合하여 조선朝鮮의 독립獨立과 자유自由를 박탈剝奪하였다. 그리고 일천구백십육년一千九百十六年에 지至하여는 지나支那에 대對하여 유명有名한 이십일개조二十一個條의 요구要求를 제출提出하였다. 차등此等의 유예類例는 매거枚擧에 불황不遑할 것이다. 그리고 지금只今에 로국露國도 일본日本의 군국주의軍國主義의 위혁적威嚇的발작發作을 실험중

實驗中이다. 일본日本은 로서아露西亞·러시아에 대對하여 실實로 서백리西伯利·시베리아의 감독권監督權까지도 요구要求하여 탐람貪覽한 수욕獸慾을 천천히 하고 있다.

일본日本의 서백리西伯利출병出兵은 기其이기적利己的목적目的을 달성達成하기 위爲하여 한 것으로서 일본日本이 위선적僞善的으로 선언宣言한 바의 로국露國, 병竝「체코슬로바키아」원조援助를 위爲한 것이 아니였음은 자명自明한 것이다.

우右외外에 일본日本은 지나支那에서 군사적급정치적軍事的及政治的간첩間諜의 목적目的으로서 탐방원探訪員을 편성編成하여 기其결과結果지나支那의 이익利益은 다 피등彼等의 희생犧牲에 제공提供되고 있다. 일본日本의 군국주의軍國主義는 단순單純히 대륙大陸에 향向하여 발전發展하고 있을 뿐만 아니라 대양제도大洋諸島에도 장차將次기其조아爪牙를 신장伸張하고 있다. 일본日本에는 일一의 비밀결사秘密結社가 있어서 「필리핀」급及「마레이」제도諸島등等의 경제적經濟的정복征服을 목적目的으로 하는 외교정책外交政策의 지도자指導者이다. 서상敍上과 같이 일본日本은 세계적世界的제국帝國으로서 입立코자 하는 것을 망상妄想하고 있었다.

이 현유現有의 사실事實로서 조선병합朝鮮倂合과 같음은 국제적國際的문서文書에 있어서 일찍이 증명證明하는 바이다.

일본日本이 왕년往年한국韓國을 병합倂合하였음에 당當하여는 세계世界는 극極히 차此를 냉안시冷眼視하였다. 연然이나 지금只今에 일본日本은 기其조선朝鮮을 영유領有하고 있는 동안은 제거除去할 수 없는 위험물危險物이 되었다. 어시호於是乎지금只今에 조선문제朝鮮問題가 일반적一般的평화平和에 대對하여 여하如何한 가치價値를 가졌는가를 심각深刻히 연구研究할 시기時機에 도달到達하였다. 만약萬若에 연합聯合여국與國으로서 극동極東의 평화平和로서 세계世界의 평화유지平和維持를 위爲하여 필요必要한 조건중條件中분리分離할 수 없는 것이라고 사유思惟한다면 의당宜當히 본本문제問題에 대對하여 당연當然의 주의注意를 하지 아니치 못할 것이다. 그리고 극동문제極東問題의 해결解決은 과거過去에 있어서의 독일문제獨逸問題를 해결解決하였음과 같이 그리 용이容易하지 않은 것이 있다. 왜냐하면 만약萬若에 지금只今에 있어서 조선문제朝鮮問題를 미해결未解決한 대로 방치放置한다면 장래將來일층一層가공可恐할 신新전쟁戰爭이 야기惹起할 우려憂慮가 있으므로서이다.

사유思惟컨대 조선朝鮮은 기其위치位置가 극동문제極東問題에 있어서는 지리급전략적地理及戰略的관계상關係上동아세아東亞細亞·동아시아문제問題의 관건關鍵이다. 고故로 극동문제極東問題의 해결解決은 단순單純히 조선朝鮮에 관關한 문제問題를 개정改正한 경우境遇에 한限하여 차此를 할 수 있다. 특히 차차次次조선朝鮮은 일본日本으로서는 기其관문關門이어서 이 관문關門이 없다 하면 일본日本의 육해군병력陸海軍兵力은 공共히 무효無效로 귀歸하게 됨에 있어서라. 지금只今에 오인吾人이 조선朝鮮에의 정황情況을 설설說說함에 있어서 간선干先조선인朝鮮人의 문명적文明的인 국민國民인 사事를 설명說明하기 위爲하여 피彼일본인日本人으로서도 차此를 부정否定키 곤난困難한 역사상歷史上의 사실事實을 거시擧示하고자 한다. 조선인朝鮮人은 스스로 사천년四千年의 긴 역사歷史를 갖고 있고 일찍이는 스스로 일본인日本人의 사師가 되어 지나인支那人과 서로 제휴提携하여 동아東亞의 독특獨特의 대문명大文明의 발달發達에 공헌貢獻한 사事가 불소不少하다. 조선朝鮮은 기其독립獨立을 상실喪失한 이래以來일본日本의 대선정책對鮮政策의 압박하壓迫下에 스스로 자유自由로히 발달發達하는 가능성可能性을 상실喪失하였다. 조선인朝鮮人은 이미 여차如此상태하狀態下에 기其존재存在를 유지維持하는 것은 불가능不可能하게 되었다.

일본日本은 항상恒常전세계全世界에 조선인朝鮮人의 경제적經濟的기타其他의 이익利益에 취취하여 역력力을 경주傾注하고 있는 것을 믿게 하려고 노력努力하고 있다. 하지만은 이것은 단순單純히 조선朝鮮의 모든 생명生命의 원천源泉을 빈욕貪慾으로 급급汲汲하고, 혹或은 가장 참혹慘酷히 국민國民을 압제壓制함과 여如히 최最히 추루醜陋한 자기自己의 행위行爲를 엄폐掩蔽하고자 하는 방법方法이라는 비평批評을 얻는데 불과不過한 것이다.

조선국민朝鮮國民은 기其고유固有의 국토國土에 있어서는 하등何等의 공민公民으로서의 자유自由를 향유享有치 못하고 가중苛重한 국세부담國稅負擔의 권리權利외外에는 국정國政에 참여參與하는 일체一切의 권리權利를 상실하였다. 일본日本의 헌병憲兵의 압제하壓制下에 불행不幸한 국토國土는 전연全然파산破産과 궁핍窮乏에 빈빈瀕하고 있다. 조선인朝鮮人은 집회集會·언론言論·인쇄印刷에 관關하여서는 가장 단순單純한 자유自由도 차此를 소유所有치 못하였으므로 자기自己의 전율戰慄할만한 장황狀況을 공연公然발표發表하여 굴욕屈辱과 부정不正을 세간世間에 호소呼訴하는것까지도 차此를 하기 불능不能한 것이다.

유식자有識者유지자有志者는 총總히 일본관헌日本官憲에 의依하여 잔인殘忍한 추구追究를 받아 적어도 민지계발民智啓發을 위爲하여 진역盡力하는 자者있으면 정치적政治的불량배不良輩라 하여 비도非道한 검거檢擧를 당當한다. 그리고 차此는 조선인朝鮮人으로서는 교육教育과 정신상精神上계발啓發의 특히 필요必要한 시기時機에 있어서 차此를 당當하고 있는 것이다.

현금現今조선朝鮮에서의 기독교基督教는 거의 국민적國民的종교宗教로서의 의의意義를 갖기에 이르렀다. 자유自由를 갈앙渴仰하는 조선국민朝鮮國民을 위爲하여서는 기독교基督教의 가치價値야말로 위대偉大하다. 왜냐하면 기독교基督教는 서구민주적西歐民主的사상思想자유급동포주의自由及同胞主義의 이상理想의 최량最良의 수입자輸入者이기 때문이다. 그리하여 차此가 즉即조선朝鮮에 있어서 기독교도基督教徒가 압박壓迫을 당當함에 감敢히 괴이怪異하게 생각生覺할 수 없는 소이所以이다. 일례一例를 거擧한다면 일천구백십일년一千九百十一年내지乃至이십년十二年시時의 조선총독朝鮮總

督사寺내백內伯에 대對한 음모陰謀발각發覺의 구실하口實下에 행행行하여진 압박壓迫과 여如한 것이 즉卽이것이다.

당시當時포박捕縛된 기독교도基督敎徒는 이백명二百名이상以上이었고, 차등此等은 다 일본인日本人이 정치적政治的 구적仇敵인 조선인朝鮮人에 대對하여 응용應用하는 바 있다고 모든 종종種種의 고문拷問을 당當하였다.

현금現今조선朝鮮에 있어서 국민교육國民敎育을 보아도 역시亦是극極히 비참悲慘한 상태狀態이다. 일본日本에는 조선통치朝鮮統治십년간十年間에 있어서 국민國民의 요구要求가 날로 점점漸漸증대增大함에도 불구不拘하고 일개一個의 고등학교高等學校도 차此를 설립設立치 아니 하였다. 초등급중등교육初等及中等敎育에 지至하여는 여하如何하냐 하면 국어國語라 하여 일본어日本語를 채용採用하고 모국母國의 역사급문학歷史及文學의 교수敎授는 학과중學科中에서 제거除去하고 교육敎育의 근저根底에 있어서 노골露骨한 자존주의적自尊主義的동화책同化策을 조선인朝鮮人에 대對하여 시행施行하였다.

대체적大體的으로 조선朝鮮에 있어서의 일본日本의 정책政策은 기其대륙大陸에 있어서의 군국적軍國的발전發展을 위

爲하여 필요必要한 근거지根據地로서 영구永久히 조선朝鮮을 자기自己에게 결합結合시키고자 하는 최후最後의 목적目的을 달성達成함에 가장 교묘巧妙한 방법方法으로서 기其방계方計를 정정定한 것으로서 필경畢竟 일본日本은 조선朝鮮을 근거根據로 하여 의意와 여如히 기其위력威力을 대륙大陸에 떨치게 된 것이며, 이것이 즉卽 만주滿洲의 평화平和와 세계인류世界人類의 평화平和에 대對한 부단不斷의 위혁威嚇이라 하겠다.

여차如此한 일본日本군국주의軍國主義의 발전發展은 세계世界의 평화平和 세계적世界的 민주주의民主主義의 대이상大理想의 확립確立 정의급正義及 민족民族의 자유自由스런 문명적文明的 발전發展의 명의하名義下에 인용認容할 수 없는 바이라고 세계世界의 민주주의民主主義도 차此문제問題에 대對하여는 필必히 기其정대正大하고 엄숙嚴肅한 일언一言을 언명言明하여야 할 것이다.

일본日本군국주의軍國主義의 철鐵의 견성하堅城下에 곤비困憊하는 조선국민朝鮮國民은 세계급정의世界及正義에 향向하여 일본日本은 기其군사적軍事的 세력勢力의 목적目的을 달達하고 또 조선朝鮮을 자기自己의 장중掌中에 긴악緊握하기 위爲하여 기其대조선정책對朝鮮政策에 있어서 조선국민朝鮮國民의 행복幸福과 생활적生活的원천源泉을 근본根本으로부터 착취鑿取하고자 한다. 그러나 조선국민朝鮮國民은 그것을 여하如何한 곤난困難이라도 낙담落膽하는 일이 없이 용감勇敢히 기其무거운 십자가十字間를 지지支持하여 우리의 독립獨立자유급행복自由及幸福을 위爲해서는 전력全力을 경주傾注하여 분투奮鬪할 것을 애호愛好하는 표정表情을 항상恒常위무慰撫하는 자者인 것을 명확明確히 언명言明하는 바이다.

그리고 차此위대偉大한 때는 지금只今에 보報한 바가 되었다. 오인吾人은 전문명全文明의 세계世界에 향向하여 조선朝鮮은 일본日本에 의依하여 정복征服된 것이 아니라 가장 강탈적强奪的인 배신背信의수단手段에 의依하여 탈취奪取되였다는 것을 고백告白할 것이다.

오인吾人은 이천만二千萬의 조선국민朝鮮國民의 명의하名義下에 기其완전完全한 주권主權의 하등何等의 제한制限없이 부흥復興될 것을 요구要求하고 기其모국母國에 있어서의 독립獨立과 주권主權과 재보財寶를 반환返還할 것을 요구要求하는 바이다.

오인吾人은 기기其독립급자유獨立及自由의 생존상生存上신성神聖한 권리權利를 획득獲得하기 위爲해서는 필요必要에 응應하여 여하如何한 다대多大한 희생犧牲을 지불支佛한다 하여도 차此를 사양辭讓하지 아니한다.

오인吾人은 자유自由를 위爲하여 정의正義를 위爲하여 일반적一般的평화平和를 위爲하여 또 인류최선人類最善의 이상理想을 위爲하여 압제자급폭학자壓制者及暴虐者에 대對하여는 용감勇敢히 분투奮鬪하고자 한다.

세계世界의 전민주주의자全民主主義者는 다 오인吾人의 편便이다.

일천구백십구년一千九百十九年삼월三月십칠일十七日「니콜스크·우스리스크」에서

대한국민의회 회장大韓國民議會會長우, 아, 문文

부회장副會長 김철훈金喆勳

서기書記 오창환吳昌煥

제2독립선언서

선언서

대한국의회난 우리 2천만 동포를 대표하야 대한독립을 천하만국에 선언하노라. 오호라 천하에 엇지 강권만 잇고 호올로 공리公理가 없나뇨. 지나간 구주 4년 전쟁은 실로 이 문제를 위하야 필을 흘님이오. 이제 파리강화회도 또한 이 문제를 해결키 위하야 한 것이라. 그럼으로 덕오德奧의 강포强暴함으로도 맛참내 그 날카로운 날이 꺼거지고 차례로 정의를 잡은 연합국기 아래 항복함에 파란波蘭·체코의 남은 민족은 그 나라를 회복하야 닷토아 독립대 우에 올흐니 일은바 제국주의에 침략전쟁은 이 결국을 조차 영원히 소멸하고 정의 인도에 자유주의난 이 시세를 위하야 더욱 창명彰明하엿도다. 이것을 밧고아 말하자면 오날날 세계는 곳 합중국대통령 윌손씨의 제창한 바-민족자결주의의 시대라. 그런고로 동서양과 인종차별을 물론하고 강포한 외족外族의 병탄倂呑을 닙난 자 진실로 자치할 능력과 독립할 자격이 잇으면 곳 기반을 벗고 자주 자결함은 이것이 곳 천하의 공리라. 약한 자를 병탄한 강국은 그 민

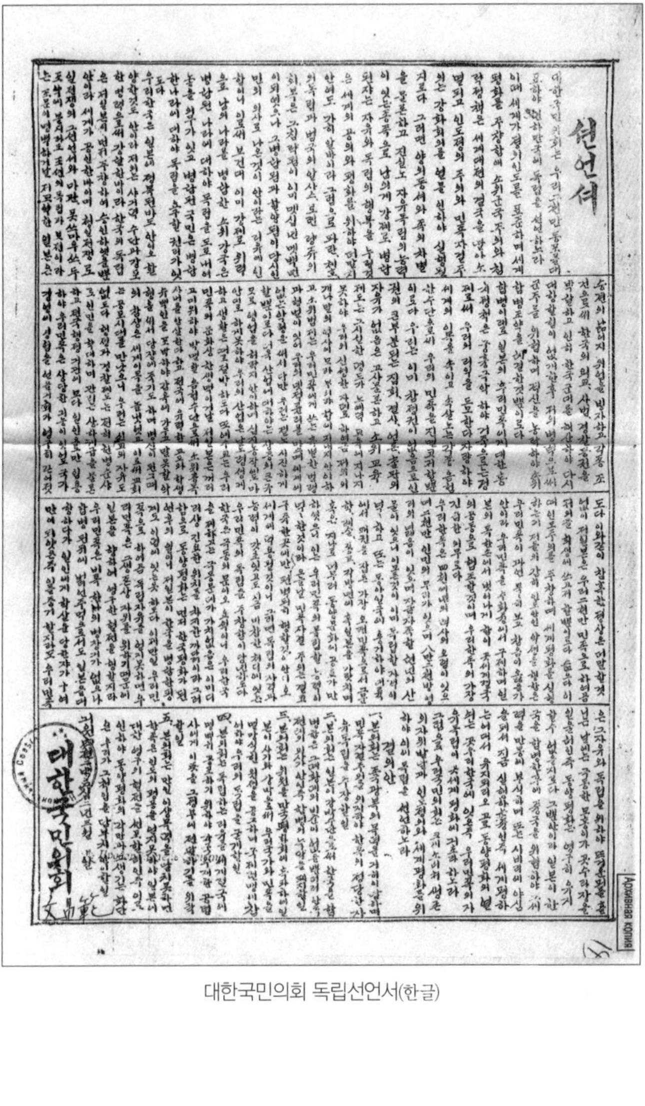
선언서

대한국민의회 독립선언서(한글)

정을 순順히 하야 독립을 도로 내여주고 한가지로 자유행
복을 누리게 함도 또한 천하의 공리라. 만일 공리를 죽이
고 사익을 탐하야 즐겨 이것을 행치 안난 자는 곳 천하의
공리의 원수요 정의 인도의 도적이오 또한 세계의 마장魔
障이라 하노라.

오작 우리 대한은 일본에 부용附庸하던 속국이 아니오
이에 당당한 독립자주국으로써 일즉히 세계각국에 공인
이 잇고 또한 일본에 확실한 증거가 잇난 것이라 그런고
로 1894년 중 일본 마관조약馬關條約에 갈아대 한국은 완
전무결한 독립 자주국이라 인증하엿고 또 일아日俄3차
협약에 갈아대 일아 양국은 한국의 주권과 밋 완전한 독
립을 확실히 이니증하엿고 1902년의 영일동맹英日同盟조
약에 갈아대 한국독립과 영토보전을 유지하기로 하엿고
1903한년 아·일 개전에 일황日皇선포문에 갈아대 한국독
립은 일본의 완전무결한 요도要圖라 하엿고 또난 한일의
정서韓日議定書에 갈아대 대한독립과 영토 보전을 확실히
보증한다 하엿고 또 보스마스 아·일강화조약에 갈아대 한
국독립을 보장한다 하엿으니 전후에 성명한 것이 이와 갓
거날 이에 맹서한 피가 말으지 못하야서 말을 먹어 살지

며 아라사를 익인 남은 위염을 빙자하고 종종한 조건으로 우리의 외교 사법 경찰 재정 등 여러 가지 권리를 빼앗고 또 군대를 해산하며 황실을 잔학하야 처음은 우리의 독립을 폐하야 보호국을 만들다가 또 니어 보호를 곳쳐 합병하엿으니 오호 통재라 일본이 일본이 엇지 공리가 잇으리오 한갓 강포한 무력과 거짓되고 간사한 수단만 잇을 따름이로다.

합병한 리래로 10년 동안에 소위 통치정책은 더욱 참담비창하야 가히 형용치 못할지며 참정인민의 권리를 박탈하고 집회 결사 언론 출판 자유를 금지하며 또 소위 교육은 다만 일어를 갈아쳐 노예를 양성하난 기관에서 지나지 못하고 소위 법률은 육형肉刑을 행하야 양민을 학살하난 병장기나 다름없으며 까다로온 정사난 털억 갓하야 우리의 길음과 피를 빨고 기마병졸은 천국에 가득 널녀 우리의 신사를 포착하난도다. 또 소위 척식회사는 금전을 조합하야 백성을 난화준 후에 전지田地를 빼앗고 가옥을 점령하며 소위 순사 헌병은 부량패류를 이용하야 우리의 생명을 학살하며 우리의 부녀를 겁간하고 또 갓흔 인재에 고등관리난 물론 행정 사법 군사 경찰은 전수全數히 일인日人

뿐이오 다만 하급에나 약간 한인을 쓸 뿐이니 이 것은 한인으로 하여곰 국가생활상에 능히 경험을 알지 못하게 함이오 또한 동일한 관리도 일인의 월봉은 한인보다 10배나 더하야 모든 것이 유여裕餘하고 한인의 월봉은 스사로 먹기도 족足지 못하니 이난 한인으로 하여곰 몸이 맛도록 생활상에 괴롭게 하야 가히 달은 일을 생각도 못하도록 만드난 것이라 속박과 질곡함이 일허틋 어두운 가온대 문화를 수입하난 광맥光脈은 오작 예수교뿐이라 그럼으로 더들이 원수 갓치 보고 멸망하고저 하나 세계공리에 거릿겨 마음대로 못하되 업난 일도 잇다하며 업난 죄도 어거지로 덥허씨워 교도를 체포하야 옥에 갓우고 악형하매 혹 병들며 혹 죽으니 일허한 것이 비일비재로다. 오호라 신교信敎 자유 신교자유가 과연 어대 잇나냐. 간략히 말하자면 한인을 통치한다 일으난 것이 한인을 진멸하난 정책에서 지나지 못하난도다. 이 세계평화와 민족자결시대를 당하야 일허틋 인도아닌 야만의 정책을 행하니 오히려 세계공법에 두렵지 안흐며 하날이 주신 양심에 붓그럽지 아니하냐.

슬프다. 우리 한인이 일허틋 병란을 닙고 학대를 밧음은 독립할 자격과 자치할 능력이 업슴도 아니나 그러나 한갓 강약이 부동不同한 연고-라. 공리가 만일 세상에 발으면 엇지 신원伸寃할 날이 업스랴. 이제 우리나라에 2천만 민족의 만흠과 8만2천방리 넓은 땅이 잇고 또난 토지가 비옥하며 물산이 풍부하니 가히 스스로 흡족한 것은 물질상으로도 임의 독립할 자격이 잇고 말매암아 오난 4,300여 년 역사의 문학 종교 예술이 중국으로 억개를 결어 일본을 교도敎導하야 문화를 동양에 폄으로 풍속이 선미善美하며 인심이 순량淳良하고 농사을 부자런히 힘쓰며 예의를 존숭히 하엿고 또 해외에 널여 잇난 우리 민족 수백만이 구미에 신문명을 수입하엿스니 정신상으로도 임의 자치할 능력과 독립하난 자격은 더 말치 안하도 밝히 알 것이라. 하물며 오날날 당하야난 강권이 자최를 것고 공리가 형세를 폇으니 이난 곳 민족자결시대라 일허한 시대에 이갓흔 능력과 자격이 잇난 우리 민족이 이 기회를 벌히고 다시 어나 때를 기다리랴.

또한 우리 한국은 아세아주 대륙동부에 거하야 삼면에 바다이 둘넛으니 동양에 출입하난 문호가 되난 것이라 지리상에 요한 위치를 가것도다. 그런고로 한국대세에 변천이 실로 동양평화에 가장 관계가 큰 것이라 이제 만일 한국의 독립을 승인치 안이하면 오작 우리 자유를 사랑하며 독립을 사랑하난 2천만 동포난 독립을 위하야 죽을지언정 속국백성으로 살지 안키를 결심하고 불부불 일본으로 더브러 혈전하야 죽은 후에야 말 것 뿐이로다. 만일 이것을 엇지 못하면 동양은 화하야 수라修羅마당이 될 것이오 세계평화도 결코 영원치 못하리니 이것이 뉘 허물이뇨. 또 함을며 일본이 한국을 병탄한 후로 야심이 발발하야 소위 군국주의와 대아시아주의를 적극적으로 진행하야 구주전쟁에 틈을 타서 중국을 위협하야 이권을 박탈하고 군사를 서백니아에 내여 세력을 베풀어 동양평화가 거의 파괴할 지경이 되엿으니 일로 말매암아 보건대 동양평화난 실로 또 한국이 독립자주하난대 잇도다.

이에 하날이 병화를 실혀하사 큰 전쟁이 맛히고 만국이 한 목소래로 각각 평화를 제창하야 여러 민족이 일치하야 서로 자주하기를 힘쓰나 오직 저 일본은 오히려 야심을 품고 감히 시세를 거사려 그 침략주의로 우리 한국에 독립자주권리를 돌니지 안이하니 이것이 엇지 천하공리에 원수가 안이며 정의 인도에 도적이 안이며 세계평화에 마장이 안이냐 이에 본 의회난 우리민족의 생존 발달과 정

의 인도를 유지하기 위하여 세계평화를 보전키 위하야 이로붓허 영원히 일본을 끈허버리고 독립을 선포하노라

대한국의회 결의안

1. 본 의회난 조국의 독립 광복을 달하기 기약하며 세계 민족자결주의를 원인하야 한족의 정당한 자주 독립을 주장할 일.

2. 본 의회난 일본이 강점 수단으로써 한국을 합병할 때 특별히 황제의 비준批准만 없을 뿐 아니라 또한 전체 한족의 뜻이 안힌 즉 곳 합병늑약合倂勒約을 폐지할 일.

3. 본 의회는 특별히 위원을 만국평화회의에 파송하야 일인日人이 간휼奸譎강박한 수단으로써 우리국가를 파괴하고 우리민족을 진멸한 원정을 공소控訴하며 또 국제연맹회에 가입하야 우리 독립을 공고케 할 일.

4. 본 의회난 독립의 이유를 들어 세계만국에 명백히 선포하며 각국에 주재한 각국 공·영사의 위탁하야 이 이유를 해該각 정부에 전달케 할 일.

5. 본 의회난 만일 이상 목적을 달치 못하면 이난 한족이 인도의 평등을 엇지 못함이라 그런고로 일본에 대

하야 혈전을 선포하리니 이를 인하야 참화가 나되 그
책임을 지지 안이할 일.

기원 4252년 3월 일

대한국민의회*(대한국민의회 직인)

---

* 독립기념관, 『한국독립운동의 역사』, 제21권 국외 3·1운동 / 제2부 노령
에서 3·1운동 제2장 노령지역 3·1운동의 전개 / 2. 독립선언·시위운동
과 대한국민의회 독립선언서

상해임시정부 초기청사

제12장

대한민국임시정부
교통총장에 선임되다

■ 대한민국임시정부 교통총장

만세운동 이후 1919년 4월 11일 상해에서 대한민국 임시정부가 수립되었다. 국무총리 이승만을 행정 수반으로 수립된 임시정부에서 교통총장으로 임명되었다. 임시정부 각료 중 연해주에서 활동하고 있던 인사는 군무총장 이동휘와 재무총장 최재형을 포함해 3명이었다.

연해주 대한국민의회와 상해의 임시정부는 대외적으로 실질적 정부로서 기능하기 위해 통합이 불가피하다는 점을 인정했다. 양자 사이에 통합을 위한 교섭이 시작되었다. 1919년 4월 29일 블라디보스토크 신한촌 한민학교에서 대한국민의회 의원 총회가 열렸다. 회의에서는 임시정부를 '잠정 승인'하되 그 정부가 러시아령으로 이전할 때까지 완전한 협력을 보류하고 임시정부의 노령으로의 이전은 일본군의 완전 철수 후에 단행하기로 결정하였다. 이어 전권교섭위원으로 원세훈을 상해로 파견하였다.

이와 관련하여 일본측은 다음과 같은 기록을 남기고 있다. *

도문강 방면

러시아령(블라디보스토크 전보)

1. 4월 29일 오후 5시부터 8시까지 블라디보스토크의 신한촌 한민학교에서 김철훈 임시의장과 최재형, 문창범 이하 21명의 주요 배일조선인이 모여 상해 임시정부 승인 문제를 토의하였음. 그 결과는 임시로 승인하는 형태로 하고, 임시정부가 러시아령으로 이전한 후에 비로소 일치된 행동을 취하기로 결정했는데, 이 임시정부라는 기관은 일본군이 시베리아에서 철수한 후에 러시아령으로 이전할 예정이라고 함.

원세훈은 1919년 5월 7일 임시정부 인사들과 교섭을 시작하였다. 그러나 임시정부의 위치를 둘러싸고 비타협적 논쟁이 계속되었다. 양측의 완강한 비타협적 입장은 국내에서 선

* 문서철명: 조선소요사건관계서류 공7책 기7, 문서제목: 독립운동에 관한 건 (국외일보 제57호) - 도문강방면, 상해방면, 문서수신일자 : 1919년 5월 5일, 문서발신번호 : 소밀(騷密) 제1270호, 문서발신일자 : 1919년 4월 30일

포된 한성정부의 등장으로 새로운 국면을 맞게 되었다. 그
해 4월 23일 13도 대표들이 서명한 임시 헌법과 각료 명단
을 발표하며 조직된 한성정부는 집정관총재에 이승만, 국무
총리총재에 이동휘가 선임되었다. 임시정부에 이어 한성정
부에서도 국내외의 연결 등을 담당하는 중요한 직책인 교통
총장에 선임되었다. 한성정부는 대한국민의회나 임시정부에
비해 국내에서 13도 대표들에 의해 서명되었다는 점에서 권
위나 '법통성'에서 우위에 있었다. 8월 초 대한국민의회와 임
시정부는 자신들의 정부를 일체 해소하고, 한성정부를 봉대
(奉戴)하며 임시정부의 위치는 상해에 두기로 하는 것을 골자
로 하는 5개 항의 통일안 마련에 성공하였다. 임시정부는 현
순(玄楯)과 김성겸(金聖謙)을 전권 위원으로 블라디보스토크로

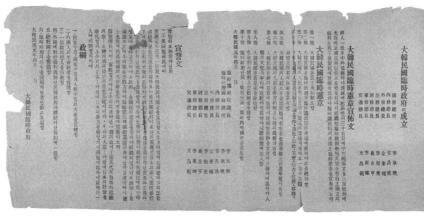

1919년 4월 대한민국임시헌장

파견하였다.

8월 30일 블라디보스토크 신한촌에서 대한국민의회 상설의회 총회를 개최하였다. 총회에서 한성정부를 유일한 법통정부로 봉대하기로 한 제안을 받아들이기로 만장일치로 통과시키고, 대한국민의회의 해산을 선포하였다. 통합 대한민국 임시정부의 교통총장에 취임하기 위해 상해로 옮겨갔다. 10월 20일경 상해에 도착했으나 임시정부 측이 약속대로 정부를 해산하지 않고 임시정부를 개조하는 입장임을 확인하고, 임시정부 측의 개조 조치에 대한 항의 표시로 내각 취임을 거절했다. '승인·개조 분쟁'이었다. 함께 상해로 갔던 이동휘가 국무총리에 취임하는 것을 비판하고 북경으로 갔다. 북경에서 박용만, 신채호 등 반임시정부 인사들과 만나 제휴 방안을 논의하였다.*

대한적십자회 명예총재 문창범

---

* 윤상원, 문창범, 독립기념관인명사전

■ 상해에서 온 여운형과의 만남

1919년 2월 여운형이 상하이 신한청년당의 파견으로 만주를 거쳐 러시아로 건너와 문창범 등 러시아지역 한인 독립운동가들과 파리강화회의 대표 파견문제와 동지규합, 자금조달, 독립운동의 중앙기관 수립 문제 등 다양한 주제에 관하여 논의하였다.[*] 그런데 여기에서 의견 차이를 좁히지 못하고 결국 거리감이 생겼다. 여운형·이동녕·조완구 등은 독립운동을 끌어갈 중앙기관이 무력단체가 아니라 외교활동을 펼쳐야 하므로 국제도시인 상해에 두어야 한다고 주장했고, 이와 반대로 문창범은 남공선·김립 등과 함께 효과적인 독립운동을 위해서는 동포가 많이 살지 않는 상해보다 수십만 동포가 살고 있는 러시아지역이 적당한 곳이라고 목소리를 높였다.[**]

3·1운동을 전후하여 조직된 대표적인 정치적 실체는 대한국민의회와 상해임시정부이다. 전자는 1919년 2월 25일 우수리스크시에서 조직된 것이고, 후자는 같은 해 4월 10일 상

---

[*] 『여운형조서』 2, 1929년 7월 18일.
[**] 박계주, 『대지의 성좌』, 1963, 329–330쪽.

하이 임시의정원에 의해 성립되었다. 이 두 정부는 대외적으로 실질적 정부로서 기능하기 위해서는 통합이 불가피하다는 점을 서로 인정했다. 그리하여 양자 사이에 통합을 위한 교섭이 개시되었다. 대한국민의회의 문창범 등 지도부는 1919년 4월 29일 블라디보스토크 신한촌 한민학교에서 의원총회를 열었다. 이 집회에는 문창범·최재형 등 상설의원 23명이 모였다. 이 회의에서는 상해임시정부에 대한 승인문제가 의제로 올랐는데, 그를 "잠정승인"하되 그 정부가 러시아령으로 이전한 후에 비로소 일치행동을 하기로 결정하였다.* 이어서 대한국민의회는 전원교섭원 원세훈을 상해로 파견하였다.**

---

* 〈불령단관계잡건-조선인의 부-재서비리아 8〉 [상해임시정부 승인문제 토의 결과와 이동휘 등의 군사훈련에 관한 건] 1919년 4월 30일, 불령단관계잡건-조선인의 부-재서비리아 8〉 독립운동에 관한 건, 1919년 4월 30일.
** 김정명, 『조선독립운동』 3, 원서방, 1966, 33쪽 : 『조선민족운동사(미정고)』 1, 고려서림, 1989, 281-282쪽.

■ 대한국민의회와 상해임시정부의 통합

　대한국민의회와 상해임정의 통합분위기는 6월 파리강화회의가 종결되고 10월에 워싱턴에서 개최예정인 국제연맹회의에 대한 대책을 수립, 추진하는 과정에서 무르익어 갔다. 상해임정이 국제연맹회의 파견대표로 김규식을 선정하자, 문창범이 중심이 된 대한국민의회는 적극 지지하였다.

　문창범은 국제연맹회의에 참가할 한인대표 김규식을 위한 여비모금 및 〈한족의 신임과 후원〉을 표시하기 위한 100만 인 서명의 신임장 작성을 위한 활동을 전개하였다. 대한국민의회 회장 문창범과 대한국민의회 훈춘지회장 이명순의 공동명의로 된 8월 3일자 경고문에 따르면, 김규식에게 휴대케 할 신임장은 18세 이상의 남녀 모두가 참가하되, 지방의 사정에 따라서는 지방민 전부의 서명이 곤란한 경우에는 그 대표자만 서명하고, 나머지는 기명케 하였고, 완성된 신임장은 8월 25일까지 국민의회로 송부하게 하였다. 대한국민의회의 문창범이 중심이 된 신임장 서명운동은 러시아령, 훈춘지역에서 뿐만 아니라 러시아령에서 문창범과 협의한 후 8월 23일 북간도로 귀환한 국민의회 북간도지부장 구춘선과 유예균에 의하여 북간도지역에서도 전개되었다. 한편 문창범은 이 동휘와 함께 국내진입 독립군을 후원할 목적으로 18세이상 30세미만의 청년을 대상으로 군정사후원회와 일반 유지를 대상으로 애국단을 북간도와 훈춘, 국내 등지에 조직하였다.

임시정부와 임시의정원, 대한국민의회 전권의원 원세훈 간의 교섭은 8월 중순경에 마무리되었다. 임시정부는 5개항 의 통일안을 작성하여 현순과 김성겸을 전권위원으로 러시 아 연해주로 파견하였다. 통일안의 골자는 앞서 언급한 정부 를 폐지하는 대신, 국내에서 13도 대표 명의로 공포된 한성 정부의 법통을 계승하기로 했다. 문창범 등 대한국민의회 지 도부는 정부통일안을 심의하기 위하여 1919년 8월 30일 블 라디보스토크에서 의원 총회를 개최하였다. 그리고 결국 대 한국민의회는 해산을 결의하였다

이후 대한민국임시정부의 직책 중 국내외의 연결 등을 담 당하는 가장 중요한 직책 중 하나인 교통총장에 선임된 문창 범은* 취임하기 위하여 상해에 갔으나, 상해임시정부 측이 약속대로 정부를 해산치 아니하고 임시정부를 개조하는 입 장임을 확인하게 되었다. 이에 문창범은 상해임시정부 측의

___

* 『독립신문』 1919년 9월 4일 ; 〈불령단관계잡건-조선인의 부-재서비리아 8〉 선인의 행동에 관한 건 , 1919년 4월 29일자.

개조조치에 대한 항의표시로 내각 취임을 거절했다. 문창범의 거부 태도는 적어도 10월말까지 계속되었다.* 문창범은 취임거부 이후에도 자신을 공식문서상에 교통총장으로 기재하고 있는 상해임시정부 측을 비난하였다. 한편 문창범은 대한 국민의회의 입장에 반해 11월 3일 상해임시정부 국무총리에 취임한 이동휘와** 심히 반목하게 되었다.*** 이동휘는 문창범을 설득하였으나 문창범은 "민의에 부합되지 않는 정부의 각원에 열(列)됨은 본의가 아니라"하고,**** 결국 문창범은 상해임정정부에의 불참을 선언하였다.*****

문창범의 상해 임시정부 불참 선언과 관련하여 일본측의 다음과 같은 기록이 참조된다.******

상해 기관의 보고에 따르면 김가진(金嘉鎭)의 권고로 취임한 교통총

* 『독립신문』 1919년 11월 4일자.
** 반병률, 「대한국민의회와 상해임시정부의 통합정부 수립운동」, 『한국민족운동사연구』 2, 111~112쪽.
*** 반병률, 『성재 이동휘일대기』, 210~214쪽.
**** 국사편찬위원회, 『한국독립운동사』 3, 399쪽.
***** 불령단관계잡건-조선인의 부-재서비리아 9〉 문창범의 近況에 관한 건, 1920년 1월 16일.
****** 문서철명 : 조선소요사건관계서류 공7책 기1, 문서제목 : 전보문 - 문창범의 대한민국임시정부 교통총장 사임 문제, 문서수신번호 : 密受第102號 其643, 문서수신일자 : 1919년 12월 19일, 전보번호, 전보발신일자 : 제91호 12월 18일 오후 3시 分發, 오후 11시 45분 착, 문서발신번호 : 조특(朝特) 제278호, 문서발신일자 : 1919년 12월 18일, 수신자: 육군대신·참모총장, 발신자: 조선군사령관.

장 문창범은 그 직을 그만두었으며, 그 후에 얻은 임시정부의 공문에 여전히 그를 교통총장이라고 기재하고 있으므로 따지는 항의를 제출하여 재류 중인 조선인이 주목하는 초점이 되었음. 그는 현재의 정부와 그 목적을 같이 하기는 하지만 그 수단에 동의할 수 없다고 밝혔기 때문에 청년단으로부터 그 이유의 설명을 요구받았지만 이에 답변하지 않았음. 이동휘 일파와 상당히 감정적인 충돌이 생긴 것으로 보임.

아울러 일본측 기록에서는, 1920년 1월 〈문창범의 근황에 관한 건〉에서도*

1. 문창범의 근황에 관한 건(1월 8일 블라디보스토크(특파원 보고요지)
최근의 정보에 의하면 문창범은 상해임시정부에 반대하여 결국 교통총장직을 사임하고 시일 내로 블라디보스토크로 돌아온다고 한다.

라고 하여, 문창범이 임시정부에 반대하여 교통총장직을 사임하고, 블라디보스토크로 돌아감을 언급하고 있다.

임시정부에 불참 선언을 한 문창범의 상해에서 러시아로의 이동상황에 대하여는 다음과 같은 기록이 있어 참조된

---

* 문서철명: 조선소요사건관계서류 공7책 기5, 문서제목: 국외정보-문창범의 근황에 관한 건, 문서수신번호: 밀수 제102호 기681, 문서수신일자: 1920년 1월 22일, 문서발신번호: 고경 제804호 문서발신일자: 1920년 1월 16일

다.*

(상해파견원 보고 요지)

북경에 있는 박용만(朴容萬)은 상해대동단 단원 나창헌(羅昌憲)의 종용에 따라 머지않아 러시아령으로 향할 예정이지만 출발 전에 장래의 연락에 관하여 상해에서 김용원(金用源)이라는 자를 북경에 불러서 협의할 것이라고 한다.

(블라디보스토크 파견원 보고 요지)

문창범은 (1920년) 4월 17일경 북경에서 항로를 (이용해) 블라디보스토크에 도착하여 4월 25일경 블라디보스토크를 출발해 삼차구(三岔口)를 경유하여 30일경 포크라니치나야에 도착(한 뒤) 블라디보스토크에서 도주해 온 김하석 일행과 만나 향후 방침에 관하여 협의 중이라고 한다.

(간도파견원 보고 요지)

상해임시정부는 앞서 간도 지방의 독립운동을 통일하기 위하여 유동열, 김의선(金義善) 2명을 간도로 파견할 계획이었지만 최근 앞의 김의선을 이탁(李鐸)으로 변경하여 계봉우(桂奉禹)와 함께 파견할 것이라는 취지를 국민회에 통신하였다.

---

* 문서철명: 조선소요사건관계서류 공7책 기6, 문서제목: 국외정보 - 불령선인 유력자 왕래의 건, 문서수신번호: 밀 제102호 기929, 문서수신일자: 1920년 5월 31일, 문서발신번호: 고경 제15630호, 문서발신일자: 1920년 5월 27일

또 다른 일본측 기록에서도 다음과 같이 언급하고 있다.*

(블라디보스토크 파견원 보고 요지)

불령조선인 문창범 등 일행 13명은 지금 '포크라니치나야'에 있
다. 일행 중에는 북경에서 동행한 박용만, 유동열, 신채호, 김영
학 및 상해에서 온 고창일 등을 동반하고 있다는 취지인데 그 소재
는 판명되지 않았다. 일행은 경계 때문에 밤마다 숙박지를 변경하
고 있다고 한다. 그리고 일행은 당분간 연해주에서 활동하는 것이
불가능함을 자각하고 자바이칼강 서쪽으로 가서 '이르쿠츠크', '톰
스크' 사이에서 거사를 벌이려고 협의하였다고 한다.

---

* 문서철명: 조선소요사건관계서류 공7책 기6, 문서제목: 국외정보 – 유력불
  령선인의 동정, 문서수신번호: 밀 제102호 기 953, 문서수신일자: 1920년
  6월 5일, 문서발신번호: 고경 제16507호, 문서발신일자: 1920년 6월 2일

블라고베셴스크 평원

블라고베셴스크

제13장

새로운 길: 대한국민의회의 부활선언

▌ 대한국민의회, 블라고베셴스크로 이동

문창범은 1920년 2월 15일 대한국민의회의 부활을 선언하기에 이르렀다. 이 내용에 대하여 일본측 정보기록은 다음과 같이 보고하고 있다.*

상해 임시정부와 재러국민의회의 합동이 성립하지 않은 건은 기보 (4월 9일 고경(高警) 제10263호 국외정보 참조)하였지만, 이번 간도 에서 입수한 대한국민의회의 선포문이란 것은 별지 번역문과 같이

---

* 문서철명: 조선소요사건관계서류 공7책 기6, 문서제목: 국외정보, 문서수신 번호: 밀 제102호 기880, 문서수신일자: 문서발신번호: 고경 제13245호, 문 서발신일자: 1920년 5월 6일 대한국민의회의 선포문에 관한 건,

의연하게 동회의 존속을 선명(宣命)한다는 점에서 살펴보면 러시아, 만주지방을 통일할 소위 임시정부적 조직이라고 상상할 수 있으나 아직 그 진상을 알 수는 없다. (중략)

포고문

대한국민의회는 작년 3월 17일 대한독립을 세계에 선언한 후, 내정과 외교를 수행해 왔다. 독립을 선언한 이래, 내외에 많은 정부조직이 발표됨에 따라 어느 정부가 민의에 기인하고 어느 정부가 법리에 적합한 것인가에 심히 착란하여 가볍게 정부를 봉대(奉戴)할 의사를 나타내지 못하고, 때때로 상해정부에서 내무차장 현순 및 김성겸 두 명을 본회에 특파하여 작년 8월 30일 본 의회 석상에서 협정하게 하여 대한국민의회와 상해의정원을 일체 취소하고 13도 대표가 한성에서 국민의회의 명의로 조직, 발표한 임시정부를 봉대하기로 하였다. 본 의회는 한성정부 각원이 취임하여 적법한 신국회를 소집할 때까지 잔무만 처리한다는 점은 이미 선포문에 명백한 바이다. 그런데 상해정부에서 먼저 협정한 공약을 위반하여 본의회는 임시의회의 결의에 따라 다시 사무를 계속하여 종래의 직권을 여전히 행사함으로써 이를 내외에 선포한다.

기원 4253년 2월 15일
대한국민의회

대한국민의회는 2월 15일 포고문을 통하여 종래의 직권을 그대로 행사함을 대외에 선포하고 있다. 아울러 1920년 3월 임원을 다음과 같이 개선하였다. 일본측 기록은 다음과 같다.*

국민의회 임원선거에 관한 건

(블라디보스토크 파견원 보고요지)

국민의회에서는 3월 상순에 임원선거를 행하였는데 그 결과는 아래와 같다.

회장	한 에골(韓君明, 호는 滄海),
부회장	김만겸(이반 이와노비치 세레브랴코프)
서기(한글)	전일(全一)
(러시아어)	박(朴 모이세이 페드로비치)
참모부장	김하석
빨치산(의병)대장	김(金 미하일 미하일로비치)
외교원	한용헌(韓容憲), 김진(金震), 장도정(張道定), 미하엘 김, 모이세이 박, 김만겸

1920년 4월경 상해임시정부와 대한국민의회의 관계를 일본정보기관은 다음과 같이 보고하고 있다.**

———

* 문서철명: 조선소요사건관계서류 공7책 기6, 문서제목: 국외정보, 문서수신번호: 밀 제102호 기807, 문서수신일자: 1920년 4월 5일, 문서발신번호: 고경 제9157호, 문서발신일자: 1920년 3월 31일
** 문서철명: 조선소요사건관계서류 공 7책 기6, 문서제목: 국외정보, 문서수

상해임시정부와 노령 국민의회와의 관계

최근 상해임시정부 국무원 총리 이동휘는 상해 정부와 분리하여 별도로 군정부를 설립했다는 설이 있다.

예전부터 상해정부와 재노국민회의는 합병이 유리하다고 하여 작년 1919년말 그들 불령자 사이에 누차 창도되어 드디어 작년 가을 무렵 상해 측에서 국민회의에 합동을 신청하고 하나의 통일 기운에 달하였으나 상해 측에서 임시정부조직에 관해서 전횡의 처치가 있었기 때문에 러시아 측의 반감을 초래하여 두 파가 존속한 채그대로 경과하였으나 최근에 와서 또 이를 합동통일을 주장하는 자가 있었다. 러시아 측에서 다시 사람을 상해로 파견하여 협의한 바가 있었는데, 마침 임시정부 내에서는 수령급의 일치가 결여되어 온화파의 안창호(安昌浩) 일파와 급진파의 이동휘 일파가 매사에 서로 맞지 않았다. 특히 이동휘에 대해서는 북만주 및 시베리아 방면의 불령선인이 자주 거사를 압박하는 한편, 과격파와의 연락이 밀접하였다. 무기의 수집 등 원조를 받는 것이 용이함을 간파하고 이동휘 일파는 이에 국민의회의 합동이 아직 성취되지 않는 것을 기화로 여기고, 이를 기초로 임시정부와의 절연을 획책하고 재북만(在北滿)의 유동열, 북경의 박용만 등과 서로 연락을 유지하였다. 중일국경, 북만 및 러시아 방면을 통일하여 가까운 블라디보스토크, 하얼빈 사이의 어느 곳에 군 정부를 설치하고 그들이 가진 과격급진주의를 유감없이 발휘하고자 한 것 같다. 이러한 국경 및 러시아 방면의 불령선인에 관한 종래의 모든 정보를 비추어

신번호: 밀 제102호 기832, 문서수신일자: 1920년 4월 12일, 문서발신번호: 고경 제10263호, 문서발신일자: 1920년 4월 9일

보면 반드시 불가능하지도 않다. 특히 이동휘는 근래 러시아에 있다고는 전해지고 있는 듯 하지만 대체로 우연은 아니다. 그의 속마음은 과격파를 배경으로 장래의 활동을 획책하면서 크게 기대하는 바가 있다고 한다. 단지 작금 시베리아의 상세는 급전직하하여 이르기를 과군(過軍)과 충돌하게 되어 블라디보스토크에서 과격파군은 불령선인과 함께 거의 섬멸되었다는 정보가 있다. 그의 계책을 과연 다한다고 해도 이러한 일은 대체로 그림의 떡으로 돌아갈 것이다. 당분간 후보(後報)를 기다린다.

상해임정과의 통합문제로 상해에 가 있던 문창범은 북경에서부터 동행한 박용만·유동열·신채호·김영학·고창일 등과 함께 1920년 4월 17일 블라디보스토크에 도착하였으나,* 일제의 연해주지역 한인탄압 사건인 4월 참변으로 연해주에서의 항일운동이 불가능하다고 판단하였다. 결국 1920년 4월 일제의 연해주 토벌을 피해 문창범 등 대한국민의회 간부들은 아무르주로 이동하였다. 대한국민의회 관계자 20여 명이 아무르주의 수도인 블라고베셴스크시에 도착한 것은 그해 5월말경이었다.** 대한국민의회는 대외를 정비한 후***

---

* 상해재주 한인독립운동자의 근황[1921년 10월 14일자로 조선총독부 경무국장이 외무성 아세아국장에 통보한 요지](국회도서관, 『한국민족운동사료』, 중국편).
** 『독립신문』 1922년 12월 23일자.
*** 조선인의 행동에 관한 건(『한국독립운동사자료집』 36, 1921년 1월 20일).

한때 아무르주 한인공산당과 협력했다. 그러나 임시정부지지 문제로 이 단체와의 협력문제는 오래가지 못하였다, 블라고베셴스크에서 불화를 겪은 대한국민의회는 알렉세예프스크(자유시)에서는 성공을 거두었다. 아무르주 한인의회는 대한국민의회를 최고 정부기관으로 승인한다고 결의하였다. 나아가 자신이 관할하고 있던 한인부대의 지휘권도 인계할 것을 결정했다. 그 무장부대는 자유시에 주둔하고 있던 1개 대대병력이었다.

문창범이 중심을 이룬 대한국민의회의 정치노선의 변화는 1920년 9월 15일 아무르주 블라고베셴스크에서 사회주의로의 방향전환을 공개적으로 표현하는 선언을 하는데서 절정을 이룬다.* 이 선언에 문창범을 비롯하여 원세훈·김하석·김기룡·오창환 등 7명이 서명하였는데, 대한독립만세와 전세계 사회주의만세를 함께 고창하고 있다.**

한편 상해를 떠나 러시아령으로 돌아오던 도중 문창범은 북경에 들러 처음부터 반(反)상해임정의 입장에 있던 박용만과 처음으로 만나 군사통일의 필요성을 논하였다. 북경의 박

---

* 윤상원, 「시베리아내전의 발발과 연해주 한인사회의 동향」, 『한국사학보』 41, 고려사학회, 2010, 296-297쪽.
** 임경석, 위의 책, 289쪽.

용만과 신채호 등 반임정파와 대한국민의회의 제휴는 이때 부터 시작되었으며, 후일 군사통일회의 및 국민대표자회에 서의 창조파의 태동이 여기에서 시작된 것이라고 볼 수 있 다.[*]

한편 문창범은 1921년 전반기 극동공화국이 있는 치타에 무관학교를 설립하여 독립군을 양성하고자 하였다. 한때는 만주에서 온 독립군 부대들도 이에 관심을 기울이기도 하였 으나 그의 뜻대로 이루어질 수 없었다. 그 이유는 정확지 않 으나 상해파와의 갈등도 그 한 원인이 아닐까 짐작된다.

문창범과 치타무관학교 관련 기록은 1921년 2월 일본측 정 보기록에서 찾아볼 수 있다.[**] 아무르주 블라고베센스크(武 市)의 불령선인 우두머리 문창범 등이 1920년 8월 이후 러시 아 과격파의 원조로 사관연성소를 설치하고 과격사상선전에 관한 교육을 전적으로 시행하고 있다고 하고 있다. 그리고 1920년 11월경부터 간도방면의 각 무력단체가 점차 국경 밖 으로 흩어지게 되자 문창범은 이에 대한 대책으로 서둘러 치

---

[*] 반병률, 「대한국민의회와 상해임시정부의 통합정부 수립운동」, 『한국민족운동사연구』 2, 117쪽.
[**] 문서철명: 조선소요사건관계서류 공7책 기3, 문서제목: 국외정보– 중국 시베리아의 불령선인 사관연성소에 관한 건, 문서수신번호: 밀수(密受)33호 기60, 문서수신일자: 1921년 2월 21일, 문서발신일자: 1921년 2월 15일, 문서발신번호: 고경 제4792호

타시로 가 노농정부 당국자와 다음과 같이 밀약을 맺고 기초를 완고히 하였다.

1. 노농정부 통치하의 관할지 내에 있는 모든 도시나 부락(部落)은 고려국 무력단의 주재(駐在) 및 양성을 허용한다.
2. 고려국 무력단은 과격주의 아래 이를 양성함은 물론 노농정부가 지정한 사람의 지휘를 절대적으로 받는다. 야심을 가지고 침략하려는 제3국과 개전할 때는 편의상 이를 사용할 수 있다.
3. 앞의 항목의 무력단이 사용할 무기와 탄약은 노농정부에서 공급한다. 단 공급이 한없이 되는 것은 아님을 약정한다.

이와 동시에 문창범은 김창원(金昌元)을 소장으로 하고 다른 교관은 전부 러시아인으로 하였으며, 이와 함께 『원동일보』를 발행하여 공산주의와 조선독립문제를 선전하였다. 그리고 1920년 말 하바로프스크에 분교를 설치하였는데, 이 두 지역을 합하여 약 1,000명의 학생이 있다고 한다. 그러나 이 무관학교는 문창범의 뜻대로 이루어지지 못한 것 같다. 이들 귀화 조선인은 조선어를 하지 못할 뿐 아니라 무관학교의 내용이 빈약함에 실망하여 전부 퇴교하였기 때문이다.*

---

* 문서철명: 조선인소요사건관계서류 공7책 기2, 문서제목: 국외정보, 문서수신번호: 밀수 제33호 기200, 문서수신일자: 7월 1일, 문서발신번호: 고경 제19918호, 문서발신일자: 1921년 6월 25일, 발신인정보: 조선총독부 경무국, 5월 중 간도 지방 상황 및 러시아 영토 방면 불령선인 정보

1) 러시아혁명군의 지원을 통하여 조선의 독립을 기대하다: 포타포프에게 보낸 편지.

1919년 말에는 시베리아 정치정세에 대하여 문창범 등 대부분의 러시아지역의 한인들은 백위파 군사정권의 붕괴를 환영하는 입장이었다. 문창범은 1919년 10월 28일 『독립신문』 기자와의 인터뷰에서 다음과 같이 말하고 있다.

> 옴스크정부는 장차 멸망되고 과격파의 세력이 확대케 되리라. 그 이유는 이러하다. 코착이 자기세력을 수립하기 위하야 타종족인 일본군대를 이용하야 동류(同類)인 과격파를 파결코저 하며(중략)시베리아 인민은 장차 옴스크 정부를 전복하고 과격파군과 악수하야 일본을 구축코저 한다. (중략) 불원(不遠)에 일병은 시베리아에서 세력이 업시되고 막대한 해(害)를 당하리라. 우리 한인은 근일(近日) 일병의 무한한 학대를 당하니 옴스크정부가 변경되는 날이면 북대륙(北大陸)에 활동이 용이하게 되리라

그리고 혁명정부가 우리의 독립운동을 지원해 줄 것을 기대하고 있었다. 이것은 문창범이 1919년 12월에 일본에서 추방되어 상하이로 온 러시아혁명군 장군 알렉세이 포타포프

(Aleksei Potapov)에게* 쓴 다음의 편지 속에서도 찾아볼 수 있다.

문창범이 포타포프에게 보낸 협조문

포타포프 장군님께

우리는 정의와 공평의 권리에 따른 귀하의 정책을 존중합니다. 우리는 귀하의 사상이 세계의 악을 상대로 승리를 거둘 것이며, 각 민족과 개인의 평화를 유지해 줄 것이라 확신합니다. 귀하께서 이미 인지하고 계시듯이, 지금 우리 한국인들은 잔혹한 일본식 군국주의로 인해 상당한 고초를 겪고 있습니다. 우리는 더 이상 일본인들의 노예가 되지 않을 것이며, 기꺼이 귀하의 사상을 따르면서 군국주의나 잔혹함 같은 세계의 모든 악에 대항할 것입니다. 이에 우리는 귀하께 부탁을 드리오니 고통 받는 우리 인민에게 도움을 주시기 바랍니다. 우리는 노동자 농민 정부의 정책에 따라, 우리가 처한 모든 상황과 요구를 만족시킬 수 있는 방안을 작성했습니다. 귀하께서는 이 방안을 귀국 정부에 발송하여 주시기 바라오며, 귀국 정부가 우리의 조건이 무엇인지 인지할 수 있도록 조처를 취해주시기 바랍니다.

귀하의 안녕과 세계 평화의 승리를 기원하고, 간청하면서 이만 줄이옵니다.

문창범
블라디보스토크 주재 대한국민의회**

---

* 독립신문 1920년 3월 1일자
** 대한민국임시정부자료집 별책 5 95권 국민대표회의 I 〉 러시아문서관자료〉

문창범은 1920년 1월 20일에도 포타포프 장군에게 다음과 같은 협조문을 발송하여 협조를 바라고 있다.

문창범이 포타포프에게 보낸 협조문

상해, 1920. 1. 20

포타포프 장군에게

귀하께 본 서신을 올리면서 우리의 사업을 어떻게 실행할 것인지에 대한 귀하의 지원을 요청하오며, 우리에게 많은 조언을 부탁드리옵니다.

오늘날 우리 한국인들은 일본의 잔혹한 정책에 무력한 상태입니다. 우리는 더 이상 일본의 노예처럼 착취당하는 상황을 인내하지 않을 것입니다. 우리는 우리의 독립을 되찾아 자유의 숨을 쉬고야 말겠다고 굳은 마음으로 결심했습니다. 지금까지 우리는 오랜 기간 동안 국가 없이 지내왔으며, 독립을 준비하기 위해서 우리의 계획을 실행할 수 있는 장소도 없었습니다. 귀하께서 알고 계시듯이 우리는 강화회의에 청원서를 제출했으나, 아무런 결과가 없습니다. 동맹국 측도 국제연맹도 우리를 돕지 않을 듯합니다. 우리는 우리의 행동으로 나아가야만 합니다. 그러나 우리의 과업을 실행할 수 곳은 어디에도 없는 듯합니다! 상해, 블라디보스토크 그리고 만주에 이르기까지 모든 곳에서 일본의 방해로, 우리를 체포하던가 아니면 살해합니다! 우리는 임시정부, 국민의회, 일부 집단 그리고 분리된 지도자 형태 등 다양한 방법을 시도하고 있습니

---

2) 문창범이 포타포프에게 보낸 협조문.

다만, 실행이 불가능합니다. 현재 우리는 우리의 모든 힘을 이용하여 귀하의 정책에 따르고자 합니다. 또한 귀하와 함께 협력하여 우리 공동의 적을 공격할 것입니다. 우리에게 충고해주시기 바라오며, 우리가 시베리아에서 계획 중인 것의 내용을 담고 있는 각서를 동봉하오니, 조항들을 살펴보아 주십시오. 성가시게 해드려 죄송합니다.

이렇게 심히 고통을 받고 있는 인민들에게 도움을 주시기 바라며, 삼가 줄입니다.

경백(敬白)

서명 : 대한국민회의 대표 문창범
　　　　대한국민회의 회원 한형권
　　　　대한민국 임시정부 외무총장 한군부, 장건상[*]

　포타포프는 1919년 12월 소비에트 러시아 비밀특사로 상해에 도착, 한국독립운동을 적극적으로 지원하겠다고 표명하고 있던 중이었다. 그는 문창범을 비롯하여 안창호, 이동휘, 한형권, 여운형 등과도 대담하였다. 그결과 1920년 1월 22일 임정국무회의에서는 안공근, 여운형, 한형권을 모스크바 외교원으로 결정했다. 안공근은 안창호세력, 여운형은 신

---

[*]　대한민국임시정부자료집 별책 5 95권 국민대표회의 I 〉 러시아문서관자료〉
　　3) 문창범이 포타포프에게 보낸 협조문.

한청년당, 한형권은 한인사회당을 각각 대표했다. 그러나 상해 독립운동세력의 대립과 조율로, 1920년 5월 말 임정외교원으로 한형권만 모스크바에 도착했다.*

이에 대하여 포타포프 장군은 러시아 혁명정부 외무인민위원회에 문창범 등 대한국민의회와 대한민국임시정부가 혁명군의 지지를 호소한 문건들을 제출하여 한인독립운동을 지지해 줄 것을 전달하고 있다. 소비에트의 지지를 호소한 서신들의 요약문을 보면 다음과 같다.

한민족의 항일투쟁에 대한 소비에트의 지지를 호소한 대한민국 임시정부 서신들의 요약문

[발신] 포타포프
[수신] 러시아 사회주의연방공화국 외무인민위원회
[작성일자] 1920년 11월 25일

금년 11월 25일 포타포프가 제출한 한국 문서 목록

1. 대한민국 상해임시정부 국무총리 이동휘는 레닌(Владимир Илич Ленин)에게 발송한 서신에서

1) 레닌께서 그에게 전문을 발송해 주신 것과 한국 인민들에게 나타내주신 동정에 감사의 뜻을 표시하였음.

---

* 조철행, 국민대표회의의 개회경비는 어디서 나와 어떻게 쓰였나, 독립신문 3, 국립대한민국임시정부기념관, 2023, 10쪽.

2) 인사말과 함께 자본주의적 제국주의에 대응한 투쟁에서의 승리를 기원하였음.

3) 극동에서의 정황에 관해 레닌에게 보고드릴 수 있는 전권을 포타포프(Алексей С. Потапов)에게 위임하였으며, 포타포프가 한국 정부에게 제안한 정책 프로그램 및 대일 항쟁의 주요 행동 계획에 대한 승인을 확인했음.

4) 한국 인민의 고난스런 투쟁에 대한 강력한 지원을 레닌과 소비에트 정부에게 요청했으며, 레닌께서 한국의 해방과 한국 인민의 자결권에 동의하심을 확신한다고 표명하였음.

2.

1) 대한민국 상해임시정부가 작성하여 문서의 형태로 제시한 정책 프로그램 및 일본 압제로부터 한국 인민의 해방운동계획과 관련하여, 포타포프 장군에게 통보한 대한민국 상해임시정부의 요청은 지령에 의거하여 실행되었음.

2) 한국의 적 일본을 상대로 공동 투쟁을 수행하기 위하여 러시아와 시베리아에 체류 중인 한국 인민들을 통합하려는 목적에서 포타포프 장군을 초빙하여 전권을 부여함.

3) 소비에트 러시아가 한국 인민에게 강력한 원조를 제공하는 것에 대한 희망, 극동에서의 조속한 평화정착에 대한 믿음 그리고 러시아 인민과 한국 인민 모두의 상호 행복을 위한 우정 등이 표명되어 있음.

3. 대한국민의회는 소비에트 정부에게 전달한 호소문에서 한국 인민의 역사와 일본인들의 현 정책, 일본의 압제 치하에서 한국 인민이 겪고 있는 고통 등을 열거하고 있으며, 한국 국내를 비

롯하여 중국, 일본 그리고 러시아 영토에 거주 중인 한국계 주
민들이 포타포프의 역할에 감사하고 있음을 표명함. 또한 본
의회는 한국의 해방과 자결권을 위한 한국 인민의 투쟁을 소비
에트 정부가 강력하게 지원해 달라고 요청하고 있음.

4. 한국 인민에게 원조를 제공하는 것과 관련하여 소비에트 정부
앞으로 청원서를 발송했으니, 포타포프가 이에 협력해 줄 것을
대한국민의회가 부탁함.

5. 대한국민의회와 대한민국 상해임시정부 사이에서 발생한 오해
를 포타포프의 배석 하에 해결할 것, 그리고 대한국민의회와
대한민국 상해임시정부의 업무를 공동 통합하기로 문서로써 합
의함. 대한국민의회의 대표는 의장 문창범과 회원 한형권(韓馨
權)이며, 대한민국 상해임시정부의 대표는 외무총장 장건상(張
建相)임.

6. 대한국민의회와 대한민국 상해임시정부의 공동 사절단 그리고
러시아에 거주 중인 한인 대표들과 한국에서 도착한 한국인 대
표단은 위대한 한국 시인이 집필한 붉은 혁명의 기치에 대한 시
(詩)를 러시아어로 번역하여 포타포프에게 헌사함.

7. 대한민국 상해임시정부가 포타포프의 모든 지령을 실행에 옮기
도록 러시아에 체류 중인 한국 대표들에게 하달한 모든 명령문.

8. 한국, 중국, 일본 그리고 러시아 극동 지역에서 포타포프의 활
동과 관련된 다양한 종류의 신문, 사진 촬영물을 비롯한 여타
자료들.

9. 문서 왕래를 위한 암호.[*]

━━━━━

[*] 국사편찬위원회,『대한민국임시정부자료집』별책 5 95권 국민대표회의 I〉

흑하시 전경

    아울러 포타포프 장군은 1920년 3월 1일자 『독립신문』〈俄國 第一革命의 勇士 포타포프장군의 담화와 약력〉에서도,

    나는 귀국의 독립운동에 참가하기를 약하노라. 나는 귀국민이 일본정부의 철쇄를 단하고 자유를 득하려는 대운동을 위하여 전심력을 경주하여 원조하기 약하노라.

라고 하여 한국독립운동을 지원할 것을 약속하고 있다.

러시아문서관자료〉 7) 한민족의 항일투쟁에 대한 소비에트 지지를 호소한 대한민국 임시정부 서신들의 요약문.

대한민국 상해임시정부에 관한 포타포프의 보고서

[발신] 대한민국 상해임시정부 대표 한형권
[수신] 러시아 사회주의연방공화국 외무인민위원회
[작성일자] 1920년 12월 20일

'한국에 관한' 포타포프의 약식 보고

모스크바, 1920년 12월 20일

한국문제는 저와 개인적으로 특별히 밀접합니다. 1903년 한국에서 근무할 당시 러일전쟁의 불가피성을 이미 예견하고 있었던 저는 본인과 같은 생각을 가지고 있는 이들과 함께 예정된 침략으로부터 한국의 독립을 보호하려는 목적을 갖고 있었습니다. 따라서 다가오고 있는 전쟁에서 한국의 '중립'을 인정해 달라는 청원서를 지참하고 유럽의 수도들을 방문할 계획이었던 한국 특별사절단의 조직에 참가했습니다. 전투 행동이 개시되자 유럽에서의 임무 수행이 곤란하게 되었으며, 중립에 관한 문제가 해결되기도 전에 한국의 영토는 이미 전쟁터가 되어버렸습니다. 그때부터 본인은 한국의 인민 대표들과 우호적인 관계를 유지하고 있으며, 1917년 극동에 도착한 즉시 한국 내에서의 사태를 주시하면서 한국인민 중 활동가들과 접촉하기 시작했습니다.

1917년 5월에는 러시아혁명에 자극을 받아 연해주에서 러시아공민 바실리 안드레예비치 문(Василий Андреевич Мун, 문창범)을 의장으로 하는 대한국민의회가 결성되었습니다. 그해 12월 28일 한국 각(各) 도(道)의 대표자들이 본 의회의 회원으로 가입했습니다. 대한국민의회는 대부분이 러시아적 성향을 띤 30명의 회원으로 구성되었으며, 장관의 직위에서 다양한 분과들을 담당하던 이들을 보유했었으나, 특별한 활동을 보여주지는 못했습니다.

대한국민의회는 두 번의 전체회의를 개최했습니다. 즉 회원단결을 위한 1918년 12월의 회의와 한국인민의 3 · 1 항일투쟁과 관련하여 한국의 독립을 선포했던 작년 3월 17일의 회의가 그것입니다. 마지막 회의 이후, 의회의 회원들은 일본인들과 일본인들의 요구에 따랐던 콜차크(Колчак) 요원들의 박해를 받게 되었습니다.

당연히 전체 표결은 아니었으나, 작년 4월 한국에서는 외국에 체류 중인 9명의 상해 임정 총장과 미국에 체류 중인 이승만 박사를 대표로 하여 구성된 정부가 성립되었습니다. 4명의 장관은 과거 외국에 머물렀으며, 현재도 외국 각지에서 체류하고 있습니다. 상기 임시정부는 상해에서 회합하여 성명서를 발표하였으며, 이승만을 대한민국의 대통령으로 선출했습니다. 아직 확인되지는 않았으나 우리가 보유한 정보에 따르면, 이승만은 대통령직을 수락하지 않았다고 합니다. 여하튼 어떠한 경우에도 인민이 참석하지 않은 상태에서의 대통령 선출은 정부 내부에서의 분열을 초래했을 것입니다. 일본인들은 상기의 임시정부가 성명서를 발표하자 러시아와 중국에서 더욱 혹독하게 조선인들을 박해하기 시작했습니다. 상해의 프랑스 조계에 위치한 상기 정부는 프랑스 영사의 요구에 따라 공개적인 회합을 자제할 수밖에 없었으며, 결국 비밀 활동으로 전환했습니다.

상기 정부의 요원들과 대한국민의회의 요원들, 한국과 중국 그리고 러시아 영토 내에 위치한 사회조직 지도자들의 활동은 극동지역에서 주인 행세를 하는 일본 요원들에 의해 심각하게 곤란한 지경에 처했습니다. 일본 요원들은 형성되고 있는 상호관계를 파괴하고, 회합의 자리에서 한국인들을 체포하고 있으며, 자발적인 방법으로 한국에서 비밀리에 모금된 독립투쟁 자금을 독립투사들이 수령할 수 있는 가능성마저 박탈해 버렸습니다. 작년 말까지 대부분의 한국 독립투사들은 국제연맹과 강화회의 그리고 연합국 정부에 희망을 걸고 있었습니다. 이에 그들은 원조를 요청하는 다양한 종류의 호소, 격문 그리고 청원서를 지참한 다수의 전권대표들을 파리, 런던, 워싱턴 그리고 스위스에 파견했습니다.

본인은 일본으로부터 추방된 이후인 1919년 12월 상해에 도착하여, 대한민국 상해임시정부의 능동적 활동을 비롯하여, 한국인이 설립한 다양한 조직에 공개적으로 참가했습니다. 또한 본인은 상기 조직들을 상대로 강화회담, 국제연맹 그리고 연합국 정부에 대한 희망이 무익하다는 사실을 설명해 주는 한편, 그와 동시에 러시아혁명 사상을 폭넓고 과감하게 보급했으며, 소비에트 러시아와의 관계를 수립해야 한다고 주장했습니다. 또한 본인은 본인에게 부여된 전권 내에서 행동 계획과 정책 프로그램을 제시한 바, 그것이 정부의 승인을 받아 지도방침으로 받아들여지고, 지체 없이 실행되었습니다.

가장 적극적인 한국인 조직은 다음과 같습니다.

1) 샌프란시스코에서 설립된 대한국민회(Корейский народный Союз)

2) 신한청년당(Новокорейское общество молодых людей)

3) 한국여성동맹(Корейское общество молодых женщин)

4) 대한애국부인회(Корейское патриотическое женское общество)

5) 한국기독청년회(Христианское общество молодых людей в Корее)

6) 재중(在中) 한국 거류민 지역 단체들(Местные общества разных к орейских колоний в Китае)

상기의 모든 단체들은 본인이 표명한 의견과 본인이 제시한 행동 계획에 동참했습니다. 대한민국 상해임시정부의 과거 정책에 대해 전적으로 동감한 것은 아니었던 대한국민의회는 본인의 중재 하에 전반적인 슬로건 상에서 내각과 화해했으며, 대한민국 상해임시정부와 대한국민의회의 각 요원들은 본인이 참석한 상태에서 협정문에 서명했습니다. 그와 동시에 상당한 진통을 거친 뒤에야 공통의 목적에서 [중국의] 한국계 주민 대표와 러시아 공민이 된 한인 대표들 간의 통합이 이루어졌으며, 그 통합은 저에게 제시된 붉은 혁명의 슬로건과 사절단의 다양한 발언 및 서명에 의해 굳건해졌습니다.

대한민국 상해임시정부와 상기의 조직들은 사회 각계 각층에서 선출된 다양한 인물들을 러시아에 파견하기로 결정했습니다. 그러나 일본인들이 한국인들을 추격하는 상황 하에서는 러시아와의 연락이 곤란하다는 사실과 각 현지에서 책임지고 활동 중인 지도자들이 표명한 희망을 고려하여, 모스크바에 체류 중인 한인 대표들을 이용하자는 결정이 내려졌습니다. 또한 한인 대표들과의 연락을 위하여 국무총리의 비서 중 한 명인 한형권이 모스크바에 파견되었습니다. 이에 본인은 암호화된 상태로 자세하게 작성된 보고서를 한형권 편으로 소비에트 정부에 발송했습니다. 현재 상해임시정부와 각 조직들은 상기 언급한 바와 같이 한국, 중국 그리고 일본에서의 선전(宣傳) 정책을 위해 수립된 프로그램 실행하고 있으며, 비밀리에 전투력을 갖추고 있는 중입니다.

임시정부와 각 조직들은 대한민국 임시정부와 대한국민의회, 전관민(Чен-Кван-Мин) 장군, '대동당' 회(Общество 'Да-Тенг-Данг' 大同黨) 그리고 노동자·학생 조직들의 서신과 본인의 보고서에 대한 소비에트 정부의 회답에 신경을 곤두세우고 있습니다.

본인은 중국을 떠나면서 대한민국 상해임시정부 및 중국 영토 내에 있는 각 조직들과의 확실한 연락망을 구축해 두었으며, 모스크바에 도착한 즉시 러시아 소재(이르쿠츠크 소재) 한인공산주의 조직의 중앙위원회를 비롯하여 블라고베셴스크와 블라디보스토크에 개설된 지부들 그리고 대한국민의회와 연락을 취했습니다. 본인은 상기에 언급된 바와 같이 이미 모스크바에 파견된 한형권을 비롯하여, 그 이전에 모스크바에 도착한 박진순(Пак-Ин-Шун) 그리고 현재 몽고를 거쳐 모스크바로 향하고 있는 마뜨베이 박(Матвей Пак. 박애)과 이한영(Ли-Хан-Ян, 李翰榮) 등의 전반적인 활동상을 블라고베셴스크에서 확인했습니다.

1920년 12월 12

(서명) 포타포프

· 문서번호 : РГА СПИ. Ф.495, Оп.135, Д.11, Лл.4~7.

자유시 입구

제14장

선택: 자유시 참변과
그 후의 향배

■ 자유시참변과 상해파의 비판

　1921년 6월에 발생한 자유시참변은 한국독립운동사상 큰 비극으로 자유시(현 스바보드니)에 모였던 여러 한인 무장독립운동 단체들은 하나의 무장단체를 만들고자 하는과정 속에 생긴 여러 불협화음으로 큰 사상자를 낸 사건이다. 이 자유시 참변은 무장해제를 거부하는 한인부대를 무력으로 제압하는 과정에서 빚어진 비극이라고 할수 있을 것 같다. 이는 다음의 러시아군사문서보관소(РГВА) 소장 자료를 통해서도 짐작해 볼 수 있을 듯하다.*

─────

* 이완종, 『러시아문서번역집』ⅩⅣ, 선인, 2014, 40−46쪽.

1. 제2군 사령관 쇼리쉐프 등이 인민혁명군 총사령관에게 보낸 〈자유시 지역의 사태에 관한 보고〉

6월 28일 5시 제29연대 연대장 말라호프와 정치위원이 전화로 보고하기를, 한인부대가 칼란다리쉬빌리 사령부에 복종하지 않은 까닭에 27/28일 밤 긴장 속에 시간이 지났으며 이에 칼란다리쉬빌리 자신이 무장해제에 대한 협조를 요청하였다고 한다.

제29연대장 말라호프는 공격을 시작하라는 명령을 내렸다. 14시 20분에 수라제프카 부락 뒤편의 도살장 우익(右翼)에는 500명에 달하는 칼란다리쉬빌리 부대의 전열(戰列)이, 그리고 좌익 중앙부에는 150명의 예비대 포함 1,000명에 달하는 제29연대 보병들이 위치하였으며, 이들은 수라제프카 부락에 진을 치고 있는 1,500명에 육박하는 한인부대를 향해 진격하였다. 동시에 제3호 장갑함이 후방에서부터 움직였고 기병중대는 바르다곤에서 나오는 도상(途上)에 있었다. 한인들은 처음 기관총과 소총으로 사격을 시작하였다.

수라제프카에서 후퇴하는 한인부대는 세 방면으로 나뉘어 도주하였다. 일부는 제야 강의 섬으로, 일부는 바르다곤으로 가는 길을 따라 도망쳤으며, 일부는 부대본부와 함께 묘지 쪽으로 후퇴하였다. 그곳에서 다시 반도들의 완강한 저항이 있었지만 그들은 20시에 총검공격을 받고 제압되었다. 22시에 섬에 대한 기관총과 대포 사격이 개시되었고, 저항하던 마지막 한인들이 23시에 섬에서 항복하였다. 모든 한인은 무장해제 되었고, 전쟁포로로서 밤에 세 곳에 분산 배치되었다... 포로는 모두 800명에 달하였으며, 밤이 조용히 지나갔습니다. 강을 따라 내려가 바르다곤 쪽으로 간 한인

부대는 기병중대에 덜미가 잡혔고, 제야 강에 수장된 듯하다. 우
리 편 제29연대의 손실은 전사자 1명, 중상자 2명, 경상자 1명
이다. 칼란다리쉬빌리 부대의 피해는 밝혀지지 않았다. 한인들의
인명 피해는 크지만, 아직 밝혀지지 않았다. 그들의 시신을 수거
하는 중이다. 특히 제야 강에서의 익사자가 많은 듯하다. (РГВА,
ф.170, оп.1, д.122, лл.14-15.)

2. 제29연대장 말라호프와 한인부대장 칼란다리쉬빌리가 〈자유시
   사태 진압과정에 관해 제4사단장에게 보낸 보고〉

6월 29일 아침 6시 제4사단 사령부로 제29연대장 말라호프와 고
려혁명군 사령관 칼란다리쉬빌리가 이렇게 보고했다: 한인들이
폭동을 일으켰으며 복종을 거부하였다. 즉, 부대를 재편하라는 칼
란다리쉬빌리의 명령 제25호를 이행하지 않았다. 그들에게 대대
정치위원을 보내 복종하고 무기를 버리라는 최후통첩과 동시에 제
29연대는 수라제프카 부락을 포위하면서 전투준비를 하였다. (РГ
ВА, ф.170, оп.1, д.122, л.17.)

임경석은 러시아국립사회정치사 문서보관소(РГАСПИ)가
소장한 피해자측의 문서를 활용하여 피해자들의 목소리를
소상히 복구하였다. 그는 자유시참변의 발생 원인을 두고 대
립하는 양자의 견해, 즉 상해파와 이르쿠츠크파의 입장을 균
형있게 검토하였다. 그에 따르면 이르쿠츠크파가 파악하는
사건의 원인은 양파 공산당의 "군권투쟁"이며, 상해파가 파

자유시참변의 현장 수라세프카역

악하는 사건의 원인은 상해파에 대한 이르쿠츠크파의 "군권 쟁탈의 야심"이었다. 따라서 사건의 책임도 이르쿠츠크파는 양비론을 내세웠지만, 상해파는 가해자측인 이르쿠츠크파에 전적으로 책임이 있다고 보았다.*

자유시참변 이후 간도국민회, 군비단, 신민단, 의민단 등 11단체는 〈문창범 등을 공격하는 성토문〉을 발표하였다. 이 〈성토문〉을 반박한 고려군정의회의 〈선포문〉이 연이어 발표 되었다.** 자유시 참변에 대한 원인과 책임에 대하여 양측은 날카롭게 대립하였다.

* 임경석, 『한국사회주의의기원』, 역사비평사, 2004, 421-425쪽.
** 반병률, 『성재 이동휘 일대기』, 범우사, 1998, 328-329쪽.

자유시사변의 현장—수탑

　상해파는 자유시참변의 패해를 초래한 책임자를 색출하여
'징벌'할 것을 주장했다. 상해파의 주장에 의하면 그 책임자
는 우선 대한국민의회이다. 북간도 11개 단체의 성토문은 대
한국민의회를 극력 비난했다. 그들은 대한의용군을 자기 수
중에 넣기 위해 "한인군대를 러시아군의 일부로 편입하는 조
건으로 코민테른 극동비서부 휘하에 들어가 갖은 음모를 꾸
몄던" 것이다. 그뿐만이 아니다. 대한국민의회와 더불어 이
르쿠츠크파 공산당, 코민테른 극동비서부장 슈마츠키, 고려
혁명군정의회 사령관 칼란다라쉬빌리 등도 유혈사건의 책임
자로 지목받았다. 〈성토문〉을 보면, 이 사건에 책임을 져야할

인사들이 낱낱이 구체적으로 지목되어 있다. 거명된 인물로는 "문창범·김철훈·오하묵·원세훈·이성·조훈·남만춘·최고려·오진형·김웅섭·유동열·서초·안병찬·장건상·최의수·김기룡" 등이었다. 대한국민의회와 이르쿠츠크공산당의 중요 인물이 고루 망라되어 있다.*

한편 대한국민의회, 즉 이르쿠츠크파는 1922년 8월 자신들의 정당한 입장을 주장하는 〈재로고려혁명군대연혁(在魯高麗革命軍隊沿革)〉을 발표하였다.** 일주년이 지나갔으나 사건에 대한 진상을 보도함이 없었고, 사변의 이유가 사회의 여론에 판명되지 못하고 다만 골육상투가 비참하다는 허구낭설의 악선전과 시시비비로 인해 현재 세상에 퍼지고 있는 자유시참변에 대한 이야기들은 사변의 진상과는 다르다는 것을 알리기 위한 목적이었다.***

〈재로고려혁명군대연혁(在魯高麗革命軍隊沿革)〉은 총 17절로 구성되어 있다. 주요 내용은 자유시군대조직과 대한국민의회 관계, 니항 니콜라옙스크 군대의 조직과 한인보병자유대대와의 관계, 원동부내 한인부를 이용한 당국자들의 행동,

---

* 임경석, 위의 책, 425쪽.
** 아래의 내용은 주미희의 1922년 자유시참변 1주년 논쟁을 참조하였다. 주미희, 자유시참변 1주년 논쟁에 대한 고찰, 「역사연구」 43, 2022, 223-225쪽.
*** 「在魯高麗革命軍隊沿革」, 3-4쪽.

니항군대가 자유군대에 편입된 이유와 박일리아가 군대에 대한 악선동, 고려 각 의병대의 자유시 집합, 이르쿠츠크 합동민족군대 내력(來歷), 고려군정의회의 조직과 활동, 고려군대의 원동 이주, 자유시참변 당일에 도주한 군인들의 행적, 임시고려군사혁명법원의 조직 및 활동 등이다.

자유시참변의 진상과 책임에 대한 공방은 고려공산당 연합대회를 앞둔 시점에서 더욱 치열해졌다.* 동시에 원동 각 지역에서 사건 관련자들에 대한 테러와 암살이 발생되었다. 김하석은 "두령 김하석의 불법한 학대와 압제에 못 견디겠다."는 독립군 한 병사에게 피습을 당했다.** 홍범도는 자유시참변 당시 중립의 입장이었다. 참변 이후 이르쿠츠크에서 상해파 장교와 군인들을 처벌하기 위한 군사재판에 참여하였다. 최진동, 안무, 허근 등과 함께 상해파에 대한 성토문을 발표하기도 하였다. 이후 원동민족혁명단체대표회에서 슈마야츠키의 환대를 받았다. "조선 빨치산의 지도자"로 레닌을 면담하였다. 8월 14일 하바롭스크에서 사할린의용대의 김창수, 김오남에게 암살을 당할 뻔하였다.***

---

* 반병률,「성재 이동휘 일대기」, 범우사, 1998, 366쪽.
** 「김하석의 被刺」,「독립신문」7월 22일 4면.
*** 반병률,「홍범도 장군」, 한울, 2014, 94쪽. 윤상원의 논문이 참조된다. 윤상원,「홍범도의 러시아 적군 활동과 자유시사변」,「한국사연구」178, 2017.

한편, 자유시참변에 대한 상호 공방이 벌어지고 있던 그 시기에 또 하나의 중요한 사안은 상해임시정부와 관련된 국민대표회의였다. 1923년 1월부터 6월에 걸쳐 개최된 국민대표회의는 상해임시정부의 위상과 노선의 방향을 정하기 위한 논의였다.

1921년 1월 이동휘가 상해임시정부의 국무총리를 사임하면서 상해파는 상해임시정부에 대한 봉대의 입장을 후퇴시켰다. 관계의 전면적인 단절은 아니었다. 식민지 민족해방운동의 최고 기관 조직과 연동되면서 국민대표회의 소집운동으로 표출되었다. 국민대표회의에 김규면, 박애, 장기영, 김철수, 윤자영, 박응칠, 현정건, 왕삼덕, 박진, 문시환, 김정하, 엄윤, 이하소 등 상해파가 대거 참가하였다. 개조파로 활동하였다.

자유시참변은 국민대표회의에 중요한 안건으로 본회의에 상정되었다. 상해파는 자유시참변 당시와 동일한 입장으로 국내외를 망라해서 러시아 정부의 지원을 받아 무장독립군을 양성하여 독립을 쟁취하기 위한 무장투쟁노선을 견지했다. 반면 이르쿠츠크파는 소비에트 러시아에 소속된 무장투쟁준비론을 견지했다. 이들은 임시정부를 해체하고 새로운 기관을 세울 것을 주장한 창조론의 입장이었다. 강력히 주장한 인사들은 대한국민의회계열이었다.* 자유시참변의 피해자 측인 상해파는 임시정부의 고수의 입장을, 가해자인 이르쿠츠크파는 창조론의 입장으로 대립하였다. 결국 국민대표회의는 결렬되었다. 자유시참변의 진상과 책임 규명은 또다시 미완으로 남겨지게 되었다.**

1923년 1월초부터 6월초에 걸쳐 상해에서 개최된 국민대표회의를 통하여 전체 국민들의 역량을 집중시킬 수 있는 중앙기관의 수립과 독립운동의 방략을 확립하고자 했던 국내외 각 지역과 단체 대표들은 크게 개조파와 창조파의 분열로 분열되고 말았다. 이처럼 대규모의 '국민대회'는 전무후무한 국민적 모임으로 평가할 수 있지만 통일과 단결을 이루지 못하고 분열과 파쟁으로 귀결되어 이후 독립운동에 부정적인 영향을 끼치고 말았다. 양파는 서로에게 책임을 전가하는 가운데 임시정부 옹호세력에게 공격의 빌미를 주고 말았다. 이후 창조, 개조 양파는 각자의 노선을 실현시키기 위해 노력했다.

우선 창조파의 국민위원회는 상해임시정부와 같은 '정부

---

* 조철행, 「국민대표회(1921-1923) 연구 - 개조파 . 창조파의 민족해방운동론을 중심으로 -」, 『사총』44, 고려대학교 역사연구소 1995 , 169-175쪽.
** 주미희, 「자유시참변 1주년 논쟁에 대한 고찰」, 『역사연구』43, 2022, 236-237쪽.

적 기능'을 상정하여 조직된 것이었다. 국무위원 등 창조파의 주요 인물들은 1923년 8월 30일 블라디보스토크로 이동하고, 국민위원회에 대한 코민테른의 승인을 받아 블라디보스토크에 본부를 두고 정부행세를 하고자 하였다. 그러나 창조파는 코민테른의 승인을 얻는데 실패하게 되고, 마침내 1924년 2월 15일 국민위원회 회원들이 블라디보스토크로부터 퇴거명령을 받고 만주지역으로 이동하였다.* 결국 이로써 창조파의 상징적 중심인물이었던 문창범도 역사의 중심에서 사라지게 된 것이 아닌가 한다.

---

* 『대한민국임시정부자료집』 별책 5 95권 국민대표회의 Ⅰ, 해제, 반병률.

제야강

자유시참변 추모비

■ 이르쿠츠크파와의 결별과 연해주로의 회귀

1921년 6월 자유시참변시 이르쿠츠크파와 함께 독립운동의 일원화에 참여하지 않은 독립군을 공격하는 편에 참여한 문창범은 1870년생이라는 나이와 더불어 결국 이를 계기로 독립운동계와 동포사회로부터 지지를 잃게 된 것으로 보인다.* 문창범은 자유시참변에 참여하였던 수많은 만주출신 독립운동가들의 비판의 대상이 되었다. 또한 자유시 참변에 함께 했던 이르쿠츠크파 군부세력인 오하묵, 박승만 등으로부터도 배척당한 것으로 보인다.** 결국 대한국민의회 계열의 수장이었던 문창범은 진퇴양난의 어려운 상황에 처하게 되었다. 문창범은 명성은 있었으나 50대 초반의 초로였던 것이다. 아울러 그를 지지했던 세력들도 이합집산되었을 것이다. 그리고 문창범의 지지 기반은 연해주이지 아무르주가 아니었다. 결국 문창범은 자신의 옛 근거지인 연해주로 이동하여 재기를 모색하고자 한 것으로 판단된다. 어려운 처지 임에도

---

* 한편 홍범도 또한 1867년생이라는 나이 등, 여러 우여 곡절이 있지만 가해자 편의 재판위원의 일원으로 참여함으로써 자유시참변 이후 사실상 독립운동계에서 은퇴하게 된다.
** 이정용, 「고려혁명군의 우르칸 금광 주둔과 독주하는 군사권력」, 『역사연구』 49, 2024.

불구하고 그는 독립운동을 지속적으로 전개하고자 하였다. 그의 이러한 노력은 일본측 기록들에서 산견된다.

1921년 8월 8일자 일본 보고 문건은 자유시참변 이후의 동향 파악에 큰 도움을 준다.*

러시아령 치타시 한족공산당 본부의 기관 잡지 『공산』 제4호에 의하면 다음과 같이 동 당의 임원은 7월 3일 정식으로 설립, 고문관으로 노농정부원 러시아인 2명을 임명하였다고 한다.

한족공산당 중앙 집정부 집정관	이동휘
한족공산당 중앙 총무원 총리	문창범
한족공산당 중앙 총무원 비서	김 립
한족공산당 중앙 내무부 총장	신채호
한족공산당 중앙 외무부 총장	박용만
한족공산당 중앙 군경무부 총장	김바실리
한족공산당 중앙 노동부 총장	조성환
한족공산당 중앙 식료부 총장	정테바니
한족공산당 중앙 선전부 총장	김하석
한족공산당 중앙 선전부 비서	김진무

즉, 문창범은 자유시참변이 있은 직후인 1921년 7월 3일에

---

* 문서철명: 조선인소요사건관계서류 공7책 기2, 문서제목: 한족공산당 본부의 임원 씨명 건, 문서수신번호: 밀 제33호 기238, 문서수신일자: 8월 11일, 문서발신번호: 고경 제25502호, 문서발신일자: 1921년 8월 8일.

설립된 러시아령 치타시 한족공산당 본부의 기관 잡지 『공산』 제4호에 의하면, 중앙총무원 총리로 활동하고 있다. 그러나 자유시참변이 진행된지 얼마 지나지 않은 시점이라 어느 정도 정확한 내용인지는 앞으로 좀더 검토의 여지가 있어 보인다.

아울러 1921년 8월 11일자 일본측 보고에는 다음과 같은 기록이 있다.*

4. 불령선인 상황

1921년 5월 일본 군대의 철수와 동시에 러시아령과 동녕현(東寧縣) 오지로 피난해 있던 불령자로, 훈춘 지방으로 돌아오는 자가 다소 많은 사태였으나, 6월에 마적 토벌을 위해 중국 군대가 훈춘 동방지구에서 행동이 활발하게 되자 다시 그 그림자를 감추고 주력은 여전히 러시아령, 동녕현과 왕청현(汪淸縣) 산지 안에 있어 근근이 선전원이나 밀정 등을 각지로 파견하고 있을 뿐이다. 7월에 얻은 주요한 정보는 러시아령 라즈돌리노예 지방에서 사금광을 경영하고 있는 문창범이 과격파와 제휴하여 독립운동에 종사하며 사금광에서 얻은 이익을 운동비로 제공하고 있으며, 또 서조(徐照)란 자가 두황즈(杜荒子) 지방에서 출몰하였다고 하나 확실하지 않다.

---

* 문서철명: 조선인소요사건관계서류 공7책 기2, 문서제목: 7월 훈춘지방 개황, 문서수신번호: 밀 제33호 기246, 문서수신일자: 8월 22일, 문서발신번호: 조특보(朝特報) 제15호, 문서발신일자: 1921년 8월 11일, 문서발신인정보: 조선군참모부 7월 훈춘지방 개황(훈춘연락원보)

기타는 6월 상황과 큰 변화가 없다.

라고 하여, 일본측은 "1921년 7월에 얻은 주요한 정보는 러시아령 라즈돌리노예지방에서 사금광을 경영하고 있는 문창범이 과격파와 제휴하여 독립운동에 종사하며 사금광에서 얻은 이익을 운동비로 제공하고 있으며"라고 보고하고 있다. 위의 자료의 정확성을 좀더 검토의 여지는 있으나 문창범은 자신의 근거지인 연해주, 그 가운데서도 우수리스크 인근인 라지돌니노예로 이동하여 자신의 추종세력의 자구책 마련 등을 위해 노심초사한 것이 아닌가 추정된다. 이는 자유시참변 이후 이르쿠츠크파 오하묵, 박승만 등이 우르칸 금광지대로 이동한 것을 생각해 보면 충분히 설득력이 있는 것이 아닌가 추정된다.

즉, 자유시 사변 후 이르쿠츠크로 회군한 오하묵, 박승만 등 고려혁명군은 1922년 적군의 동진 요구를 받았으나 상해파의 영향력을 경계하여 이를 거부했다. 하지만 대기근의 여파로 경제적 압력이 지속되자, 아무르의 우르칸 금광으로 이동하여 직접 금을 채굴함으로써 자급을 도모했다.*

---

* 이정용, 「고려혁명군의 우르칸 금광 주둔과 독주하는 군사권력」, 『역사연구』 49, 2024, 131-140쪽.

1921년 11월의 문창범의 동향은 다음의 기록을* 통해 추정해 볼 수 있을 것 같다. 아래의 기록을 통해 볼 때, 자유시참변 이후 우수리스크지역으로 이동한 최진동 부대 등 만주독립군은 문창범의 도움을 통해 러시아적군으로부터 식량을 배급받고자 하였던 것 같다. 미주에서 간행되던 『신한민보』 1922년 2월 23일에, 임시정부 북간도 특파위원으로 활동하던 안정근이 작성한 『북간도와 아령시찰기』에,

> 아령일대는 천고에 없는 대흉년이라. 인류상식한다는 소식이 전파되는 이때에 적병과 호비와 흉년과 골육상쟁의 참화까지 중복조우한 몇십만의 군인동포가 시베리아 한천냉지에 유리하여 방황하며 부르짖는 비참한 소리야 동포된 우리에게 어찌 감동됨이 없으리오. 각국은 러시아의 주린 백상들을 위하여 거액의 재정으로 구제를 베푼다는 소식이 있으나 우리의 동포를 위하여는 하등의 소식이 없는지라.

라고 있듯이, 당시 시베리아 지역은 대근에 시달리던 상황이었던 것이다. 그러나 식량 조달이 제대로 이루어지지 않아 병자들이 속출하자 문창범 등은 최진동, 서일 등과도 연합하

---

* 문서철명: 조선소요사건관계서류 공7책 其2, 문서제목: 국외정보, 문서수신번호: 밀수 제33호 기349, 문서수신일자: 문서발신번호: 고경 제29168호, 문서발신일자: 1921년 11월 30일, 불령선인 단체의 근거지 이전 및 조직변경계획

여 생존을 도모하기 위해, 하바로프스크 북단 인근으로 근거지를 이동하고자 하였다. 1921년 10월 하순 근거지 이동은 러시아적군의 통제로부터 해방을 의미하며, 아울러 병사들의 생존을 보장해 줄수 있을 것이기 때문이다. 그러므로 자유시참변으로 인하여 문창범에 부정적이었던 북로군정서의 서일 역시 이에 동참하였던 것으로 보인다.

러시아령 흑하(黑河)에서 한때 수청(水淸)지방으로 근거지를 이전한 최진동 일파는 작년(1920년) 이후 러시아 공산당과 합병하여 공산당 측으로부터 무기 및 식량 등 모든 물질적 공급을 받고 있다. 이러한 관계로 항상 공산당의 세력에 굴복하여 그 제약을 받고 있다. 지금까지 조선인 측에는 병에 걸린 사람이 많아서 병력에 큰 영향을 받아 간부 대원이 이 원인을 연구하고 있었는데, 최근 러시아인이 공급하는 식량이 조선인이 늘 먹는 음식으로는 부적절한 것이라는 것을 밝혀냈다.

그 결과 <u>최진동 및 문창범 등이 이를 계기로 어떻게든 방책을 강구하여 러시아 측의 굴레에서 벗어나려고 협의한 결과</u> 병에 걸린 조선인이 많은 것은 공급 식량의 부적절함이 원인으로 식량에 의해 질병이 번져 간다면 사기가 떨어지게 되어 단체의 세력에 막대한 영향을 불러와 앞으로 한심함을 견딜 수 없게 되기에 이 기회에 근거지를 이동하여 적당한 식량을 공급하면 어떤지 러시아 공산당 측에 제의하였다. 백방으로 힘써 교섭한 결과 점차 최근에 이르러 목적을 관철하였고, 동시에 이후 공산당 측에서 무기의 공급을 받는 이외에 식량 공급을 받는 것으로 결정되었다. 그리고 지금까지 공산당 측이 조선인 측의 상위에 있었고 그에 굴복했지만 이번에 대등하게 되었고 그사이 어느 정도 행동상의 자유를 얻을 수 있게 되었다.

그리고 근거지에 대하여 러시아와 조선인이 협의한 결과 하바롭스크 북단으로 결정하였고, 이 지역에 약 4리 4방의 토지를 이용하여 조선독립단 전관군용지(專管軍用地)라고 크게 쓴 표목(標木)을 건설하여 최진동, 문창범 두 사람은 부하 전부를 인솔하여 지난 10월 하순에 이 지역으로 이전하였다.

한편 하바로프스크 북단으로 근거지를 이동하여 어느 정도 안정을 찾은 문창범은 최진동과 함께 회의를 개최하여 독립운동단체 총회를 개최하며 단체의 통합을 도모하고자 하였다. 이는 앞서 살펴본 일본측 기록에서는 다음과 같이 언급하고 있다.

러시아인 측은 이곳에 지휘감독자 몇 명을 배치하였고 최진동과 문창범은 즉시 간부원(幹部員) 회의를 열어 다음 여러 항목을 토의하고 결정하였다. 그 결의 조항을 현재 러시아 중국 각 방면에 산재한 각 단체에 통신하여 포고하였다. 나아가 도총군부 특파원으로 정갑(鄭甲) 이하 5명을 선발하여 각 단체 총회 개시 준비를 위해 러시아 중국 국경 방면에 파견하였다고 한다. 그 총회 장소는 영고탑(寧吉塔) 혹은 소수분(小綏芬) 동남성(東南城, 羅子溝에서 동남쪽 약

7, 8里 지점)이 적절한 장소라고 하지만 아직 결정되지 않은 것 같다.

또한, 군정서 서일(徐一) 일파에 속한 단체는 러시아 공산당원과 함께 조선독립의 일을 결행하고자 하는 의향을 거부하여, 문창범 및 최진동 등 일파와는 항상 반대를 주장하였지만, 이번 최진동, 문창범의 발의에는 아마도 반대하지 않고 총회에 참가하는 것을 승낙하기로 정할 것이라고 일반적으로 관측되고 있는 것 같다. 이회의 성립하여 총회에서 상정되어 가결된 사항으로 인해 자연히 각 단체는 큰 변동을 면하기 어렵고, 현재 간부원(幹部員)도 일대 변동이 있을 것이라고 한다.

1. 각 단체는 이전의 단체명을 없애고, 러시아 중국 국경 교통 편의 지점에서 각 단체 총회를 열어 단체명 단체 규칙을 새롭게 결의할 것.

2. 각 단체는 군사통일 혁신을 도모하기 위해 지금까지의 군사 관계 책임 간부원을 교체하고 상당한 지혜를 가진 사람을 채용하여 통솔하게 하는 것을 의논할 것.

3. 현역 병사의 연령제를 만들어, 신병은 만 20세 이상 40세 이하의 자들로 모집하며, 전관군용지 내에 사관학교를 설립하여 훈련·교양할 것. 규정한 연령이 아닌 자라도 현재 병사인 자로 40세에 달한 자는 신병 양성의 순서에 따라 현역을 면제할 것.

4. 태평양 회의 후에는 북경 신정부 회의원(會議院)은 전관군용지 내로 이전하고 상해 임시정부와는 일체의 관계를 단절할 것.

5. 러시아와 중국 각 주요 지점에 통신, 징집, 모금 등의 각 기관을 나누어 설치하고 현재 희망을 잃은 민심의 회복에 노력할 것.

한편 다음의 1921년 11월 일본측 보고에 따르면,* 러시아 흑하에서 개최된 조선독립연합회 회의에서 문창범은 회장으로 활동하고 있다. 또한 문창범은 러시아가 공산화된 이후에는 소비에트 러시아를 지지하며, 자신의 근거지 연해주 우수리스크에서 독립운동을 계속 추진하였다. 이른바 독립기념일의 재외조선인의 동정에서**, 1923년 3·1운동발발 4주년을 기념하는 문창범의 모습을 살펴볼 수 있다.

(2) 니콜리스크 지방 (1923년 3월 5일 외무차관 전보 요지)

니콜리스크 조선인 노농위원회(勞農委員會)는 2월 28일 공회당에서 제4회 혁명기념제를 개최하고 문창범 등 조선인이 일어나 일본을 공격하고 굴레를 벗어나기 위해서는 소비에트 러시아에 의존하지 않을 수 없다는 취지를 말하며 더욱 기세를 올렸다.

다음날인 3월 1일은 조선인민회 부근에 기념문을 세우고 불온 표어를 조선어로 적고 붉은 천으로 장식하고 여기에 적기 및 구 한국국기를 게양하였다. 또 조선인 가옥에는 강제적으로 적기 및 구 한국국기를 걸도록 하여 응하지 않는 자에게는 50엔의 벌금을 부과하기로 하여 모든 조선인을 중국촌 부근의 광장에 집합시킨 후 수뇌부들은 독립의 필요를 역설한 후 시위를 시작하여 군혁명위원회 및 국가보안부 등에 이르러 산회하였다. 이곳 군혁명위원회

* 문서철명: 조선소요사건관계서류 공7책 기2, 문서제목: 국외정보, 문서수신번호: 밀수 제33호 기347, 문서수신일자:문서발신번호: 고경 제29135호, 문서발신일자: 1921년 11월 29일
** 국사편찬위원회, 「한국독립운동사자료집」36, 1923. 3. 13.

문창범이 주도한 우수리스크 독립선언기념식(1923년)

대표는 이 행렬에 대하여 일장 연설을 행하며 혁명을 고취하였다.
또한 당일은 일본어와 조선어로 된 선전문서를 살포하였다.

라고 있듯이, 문창범은 조선의 독립을 위해서는 러시아에 의존하지 않을 수 없다고 주장하고 있다. 아울러 문창범은 비행사 양성에도 심혈을 기울인 기록이 보인다. 즉, 동아일보, 1923년 6월 19일자에,

해삼위 고려공산당 간부 문창범의 주선으로 노령 「스파스카야」비행장에서 훈련을 마친 朴東熙 · 朴順化는 고려공산당 항공부장 · 부부장(副部長)에 각각 임명되어 비행사 양성을 계획하고 있으며 금년 8月 중에 국내로 시위 비행을 하기 위하여 한국기류에 관하여 연구 중에 있다고 한다.

라고 보도되고 있다.

박동희(朴東禧, 1898 ~ 1938.3.31)는 함북 길주(吉州) 출신으로, 기록에 따르면 1898년생으로 추정된다. 연해주로 이주하여 스파스크에서 노동자로 일하였다. 한자가 다른 박동희(朴東禧)라는 이명을 사용하였다.

1920년 중국 만주에서 대한국민회 제2중부 지방회 회원으로 활동하였다. 1921년 극동공화국 인민혁명군에 지원하여 백위파 및 일본군과 싸웠다. 1922년 이르쿠츠크에서 소련 적

군 제5군 부설 한인사관 양성 과정을 마치고 고려혁명군 정치부 책임자가 되었다.

1923년 러시아 블라디보스토크 고려공산당 선전부 스파스카야 위원장으로 활동하였다. 박순화(朴順化)와 블라디보스토크에서 자동차 운전수로 일하다가 1923년 블라디보스토크 고려공산당 간부 문창범의 주선으로 스파스카야 비행장에서 훈련을 마쳤다. 1923년 5월 17일 항일문서 5,000매를 싣고 러시아 적군 헌병대장과 동승하여 블라디보스토크에서 왕복 비행을 실시하였다. 이후 문창범에 의해 고려공산당 항공부장에 임명되어 비행사 양성을 추진하고, 문창범의 명령으로 1923년 8월 경술국치일에 국내의 일제 관공서 폭파와 시위 비행을 계획하였다.

1926년 4월 15일 블라디보스토크에서 조선공산당 간부로서 중국 정국에 대한 동정 견해를 피력하여, 중국 혁명 후원을 결의하였다. 1926년 5월 오성묵(吳成默)의 뒤를 이어, 블라디보스토크에서 발행한 『선봉』신문의 주필을 역임하였고, 국립원동교육출판사 조선 담당 선임 편집자로 활동하였다. 같은 해 8월 12일자 『선봉』 기사에서 신문사의 재정적 곤란과 농촌 지역 기자 중에 비당원 출신이 적다는 점, 포시에트와 추풍지역의 농촌기자와 신문사 간의 연락이 미흡하다는 점을 지적하는 등, 『선봉』의 운영 개선에도 힘썼다.

1937년 9월 18일 '반혁명적 범죄' 혐의로 체포되었고, 1938년 2월 20일 내무인민위원부 원동지부 트로이카는 총살형을 선고하였다. 1938년 3월 31일 하바로프스크에서 형이 집행되었다. 이후 1956년 7월 30일 원동군관구 군법회의에서 복권되었다.

한편 1923년 상해에서 소집된 국민대표회의에 문창범도 관심을 기울이고 있었다. 참석자 명단에는 문창범은 보이지 않고 있다.* 국민대표회의 결렬 이후 창조파로 구성된 국민위원회가 블라디보스토크로 오자 문창범은 이들과 함께 노농신조선국(勞農新朝鮮國) 설립을 계획하였다. 이에 대한 일본측 기록을 보면 다음과 같다.**

국민대표회의는 사실상 분열 상태가 되었음. 건설파가 재삼 임시
정부 측과 회합 협의한 결과, 정부 측은 국민대표회에서 정부를
승인하고 정부원의 참석 및 발언권을 허용하면 정부 역시 국민대

* 조철행, 「국민대표회 개최과정과 참가대표」, 『한국민족운동사연구』 61, 2009, 48–55쪽. 이명화, 「국민대표회의 시국문제 논의 경과와 독립운동방략」, 『국민대표회의와 대한민국임시정부』, 국립대한민국임시정부기념관, 023, 122–135쪽. 반병률, 「국민대표회의 출석원 서명부」해제, 『한국독립운동사연구』, 40집, 2012.
** 상해 국민대표회의 경과에 관한 건(건설파의 노령 신정부 수립 예정), 고경제1911호, [발신]조선총독부 경무국, [연월일] 1923년 6월 8일

표회를 승인할 것이라 제의하였고, 건설파의 윤해, 원세훈 등은 이에 대해 뜻이 약간 움직이는 감이 있음.

또 윤기섭, 최창식 등은 국민대표회 및 의정원의 중심 세력이 되게 하기 위해 대표회 대표, 정부원, 민간 유지로 이루어진 단체를 조직하는 것이 상책이라고 하여 전자는 헌법기초위원회, 후자는 헌정회라는 것을 설립해야 한다고 주장하였으나 실행에 이르지 못했음.

또 개조파에서는 정부 측과 건설파의 타협이 성립되면 자파 역시 굳이 회의 참석을 거부하지 않겠다고 칭하며 형세 관망의 태도를 취하고 있음. 요컨대 임시정부 측은 건설, 개조 양 파의 협조가 이루어지고 또 임시정부의 체면을 손상하지 않는 한 무조건 국민대표회와의 제휴를 승낙하겠다는 것이고, 개조파는 어디까지나 임시정부의 개조를 주의로 하는 것이 아니라면 타협하지 않겠다고 고집하며 몰래 임시정부 측과 건설파의 교섭 내용을 탐지하고 있다고 함.

그리고 건설파는 국무총리 노백린(盧伯麟)을 농락하며 하루라도 빨리 정식 회의를 열어 한편으로 개조파가 부득이 출석하게 함으로써 단숨에 자파의 주장인 노령의 신정부 수립을 의결시키려는 듯하며 이미 신정부 간부로서 다음과 같이 예정하고 있다는 탐문임.

대통령	문창범(함북 출신, 국민의회파)
국무총리	오하묵(함남 출신, 상동)
내무차장(총장대리)	유선장(柳善長)(출신지 불명, 고려혁명군 特立聯隊 대표)
외무총장	윤해(함남 출신, 대한국민회 대표)

교통총장	원세훈(함남 출신, 이르쿠츠크파 공산당)
군무총장	김규면(金奎冕)(함북 출신, 신민단 대표)
동 차장	김세혁(金世赫)(출신지 불명, 대한독립단 대표)
재무차장(총장대리)	신숙(申肅)(경성 출신, 천도교 대표)
노동차장(상동)	이민창(李民昌)(출신지 불명, 국내 통일당 대표)

위의 기록에서 보는 바와 같이, 문창범은 창조파가 설립하고자 한 노농신조선국의 대통령으로 추대될 정도의 인물이었다.

제15장

문창범의 최후와 엇갈린 역사적 평가

■ 최후

문창범은 1917년 러시아혁명 이후 연해주지역의 대표적인 지도자로서 중요한 위치에 오르게 된다. 그는 니코리스크에 기반을 두고 귀화 비귀화인 등 모든 한인들의 신임을 받고 있는 인물이었다. 그러므로 전로한족회중앙총회 회장에 이어 대한국민의회 의장에 선출되기에 이른 것이다. 이로써 문창범은 명실공히 러시아지역 한인을 대표하는 인물로 부상하였다.

문창범은 러시아혁명 후인 1917년 8월 볼셰비키와의 타협을 주장한 바 있다. 그리고 일본군의 시베리아 출병이 임박한 시점인 1918년 7월에는 이동휘 등 한인사회당 세력과 제휴하여 볼셰비키 세력의 지원을 받는 의용대 조직을 추진한 적도 있었다. 또한 문창범은 전로국내조선인회의의 결의에 따라 선전부장인 이동휘를 중심으로 추진하게 된 독립군양성을 위한 군자금 모금에도 진력하였다.

문창범은 3·1운동 후 상해에 임시정부가 수립되자 자신의 측근인 원세훈을 상해에 파견하여, 상해임시정부와 대한국민의회의 통합을 시도하였고, 양측의 합의에 따라 1919년 8월 30일 대한국민의회의 해산결의를 선언하였다. 그 후 자신도 교통총장에 취임하고자 상하이에 갔으나, 상해 임시정부 측이 해산치 않고 개조함에 머물렀기 때문에 입각을 거부하고 러시아령으로 돌아와 대한국민의회 조직을 재건 정비하여 유력한 반임정세력을 형성하였다.

독립기념관에서 작성한 『독립운동인명사전』 <문창범>에서 연해주로 돌아온 이후 문창범의 말년을 다음과 같이 서술하고 있다.

1920년 4월 17일 블라디보스토크로 돌아왔다. 하지만 4월 4-5일, 연해주의 일본군이 러시아 적군과 한인 독립운동가들을 급습한 연해주 4월 참변으로 연해주에서 항일 운동이 어려워지자, 이전 대한국민의회 관계자 20여 명과 함께 아무르주 블라고베시첸스크로 옮겨가서 대한국민의회를 복설하였다. 대한국민의회가 아무르주로 이동해 오자 아무르주 한인의회는 대한국민의회 봉대를 선언하고, 한인 군대를 대한국민의회에 인도하였다. 대한국민의회는 아무르주 한인의회의 기능과 권위를 흡수하고, 기관지 『자유보』(주필 오창환)를 발간하였다. 한인군대의 확대를 위하여 18세에서 35세에 이르는 아무르주의 한인 장정들에 대한 「징집령」을 내렸다. 아무르주 각지에 지부를 설치하였으며, 일본군과 백위파가 지배하고 있는 연해주의 블라디보스토크 · 니콜스크–우수리스크 · 하바로프스크 · 스파스크 등지에 비밀 지부를 조직하였다. 또한 이르쿠츠크공산당 고려부 위원인 김철훈(金哲勳)과도 연락을 확보하여 김철훈을 지부장으로 하는 이르쿠츠크지부를 설치하였다. 9월 15일 러시아 내 한인들의 합법적 통일 기관임을 천명함과 동시에 "노농(勞農) 러시아가 밟아온 길을 따를" 것임을 표명함으로써 사회주의로의 방향 전환을 공개적으로 선언하였다.

1923년 6월 상하이에서 소집된 국민대표회의에 참가하여 창조파에 속해 활동하였다.[*] 국민대표회의 결렬 이후 창조파로 구성된 국민위원회가 블라디보스토크로 오자 이들과 함께 노농신조선국(勞農新朝鮮國) 설립을 계획하였다.

1927년 12월 개최된 소련 공산당 15차 대회에서 농업 집단화와 새 기술에 기반을 둔 대규모 사회주의 농업 생산(집단화)으로의 전환이 결정되었다. 이와 함께 1928~30년에 걸쳐 반우파 투쟁이 전개되었다. 연해주 지방에서의 반우파 투쟁과 전면적인 집단화는 1929년 말부터 급속히 진행되었는데, 한인 사회에서는 토호로

---

[*] 문창범은 상해에서 개최된 국민대표회의에는 참여하지 않았다.

불린 부호 원호인들이 주요한 공격 대상이 되었다. 1929년 제9차 원동 변경 당대회에서 반토호 투쟁이 결정되었을 때, 염하익 등과 함께 토호로 몰려 추방되었다.

문창범의 최후에 대해서는 잘 알려져 있지 않다. 독립운동을 계속 하다가 1934년 10월 상하이에서 일제가 보낸 첩자에게 독살당했 다는 설과 1938년 러시아에서 옥사하였다는 설이 있다. 충칭(重慶)의 대한민국임시정부는 외무부장 조소앙의 이름으로 소련에 수 감되어 있는 재러 한인 지도자 57명의 명단과 이들의 석방을 요구 하는 서한을 소련 타스통신사 주중 특파원에게 보냈는데, 여기에 그의 이름이 있다.

즉, 독립기념관이 작성한 문창범 인명사전에서는 문창범 의 자유시참변과 그 이후의 활동 특히 국민대표회의 이전 부분에 대하여 거의 언급이 없다. 다만 러시아혁명 10주년 을 기념하는 1927년 문창범은 홍범도와는 달리 소련공산당 에 가입하지 않았다. 아마 홍범도와 달리 당원심사위원회에 서 허가되지 않았던 것으로 보는 것이 좀더 타당하지 않을까 한다. 결국 소련공산당 당원이 되지 못한 문창범은 그후 반 우파 투쟁에서 우파로 규정되어 몰락의 길을 걷게 된 것으로 보인다.

한편 1927년 12월 개최된 소련 공산당 15차 대회에서 농업 집단화와 새 기술에 기반을 둔 대규모 사회주의 농업 생산(집단화)으로의 전환이 결정되었다. 이와 함께 1928~30년에 걸쳐 반우파 투쟁이 전개되었다. 연해주 지방에서의 반우파 투쟁과 전면적인 집단화는 1929년 말부터 급속히 진행되었는데, 한인 사회에서는 토호로 불린 부호 원호인들이 주요한 공격 대상이 되었다. 1929년 제9차 원동 변경 당대회에서 반토호 투쟁이 결정되었을 때, 염하익 등과 함께 국민의회 계열로 비당원이었던 문창범은 토호로 낙인되어 추방되었다고 한다.*

문창범의 최후에 대하여는 잘 알려져 있지 않다. 일차적으로는 1934년 10월에 상하이에서 일제가 보낸 첩자에게 독살당했다는 설이 있다. 문창범의 조카인 문광일이 해방 후 독립운동가에게 들었다고 전한다.** 다른 일설은 1938년 러시아에서 옥사하였다는 설로, 육성촌에서 소학교를 졸업하고 1931년에 작가 조명희로부터 조선문학을 배웠던 최예까쩨리나 미하일롭나(한국명 최금순, 1918년생)가 쓴 "륙성촌에 대한 회고"에 있는 다음과 같은 기록에 근거한다.

문창범은 장사하기 좋아하는 사람이었다. 륙성촌의 학교나 교회

---

* 반병률, 『성재 이동휘일대기』, 421–422쪽.
** 1977년 3월 3일 문참범의 동생인 문참락의 아들인 문광일이 해방 후 지청천 장군으로부터 들었다고 주장.

는 모두 다 그의 지도하에 지어졌다고 한다. 그는 큰 부자로 니꼴스끄-우쑤리스크에서 구역집을 짓고 살았다 한다. (중략) 문창범은 1938년 감옥에서 이질을 하다가 60세를 지나서 세상을 떠났다 한다. 그는 "약담배가 조금만 있었으면 살겠는 것을 약담배가 없어서 죽게 되었다"고 한탄하며 죽었다고 한다

정확한 시기는 알 수 없지만, 1937년 강제이주시 충칭의 대한민국임시정부에서 러시아지역 한인독립운동가들의 체포소식을 확보하였고, 외무부장 조소앙의 이름으로 소련타스사 주중특파원에게 피금되어 있는 57명의 러시아지역 한인지도자들의 명단과 이들의 석방을 요구하는 서한을 보냈는데, 그 중에 문창범이 포함되어 있는 것으로 보아, 문창범은 1937년 이후 사망한 것이 아닌가 한다.* 『삼천리』 8권 1호 (1936년 1월 1일 발행) 〈내외정세〉에서도 당시 문창범을 시베리아에 살고 있는 80세를 바라보는 사람의 한 사람으로 언급하고 있음을 통해서도 그가 1936년경에도 생존해 있었음을 짐작해 볼 수 있다. 그가 사망한 장소에 대하여는 <리인섭의 편지>(1968년 2월 5일 김세일에게 쓴 편지)에,

　문창범이는 연해주가 해방된 후에 처음에는 소황령있다가 추풍 육

---

* 조소앙, 『소앙선생문집』, 삼균학회, 1979, 491쪽.

성에서 쏘베트기관을 1924년에 다시 조직할 시에 3차를 토호들
이 반대하는 음모를 하였고, 토호를 청산할 시에는 아카노프카라
는 러시아촌에 가서 있다 체포되어 소황령 감옥에서 사망하였오[*]

라고 하여 문창범이 우수리스크 감옥에서 러시아공산당에
의해 토호로 규정되어 사망하였음을 전하고 있다.

[*] 한국정신문화연구원, 『한국독립운동사자료집―홍범도편』, 24쪽.

■ 역사적 평가

여호인이었던 홍범도는 원호인이자 경계인이었던 문창범과 다른 길을 걷고 있다. 독립기념관 『독립운동인명사전』 〈홍범도〉에서 다음과 같이 그의 말년 생활을 정리해 서술하고 있다.

청산리 독립전쟁 후 홍범도 부대와 김좌진 부대는 1920년 12월 밀산(密山)에 모였고, 1921년 6월 흑룡강을 건너 노령 이만으로 갔다가, 자유시 알렉세에스크에서 이른바 '자유시 참변'(흑하 사변)을 당하였다. 홍범도와 대한독립군은 사할린의용대의 주둔지에서 벗어나 있었기 때문에 피해를 별로 입지 않았으나, 최진동의 군무도독부군은 사할린의용대와 함께 있다가 큰 피해를 입었다.

한편 이르쿠츠크에 있는 코민테른 동양비서부는 자유시에 모인 한국독립군 부대들을 '고려혁명군정의회(高麗革命軍政議會)'에 소속시키고, 사령관에 가란달라시윌린을 임명하였다. 이어서 1921년 7월 5일 다시 고려혁명군정의회에 바이칼 호수 부근의 이르쿠츠크로 이동하라는 지령을 내렸다. 1921년 8월 5일 자유시의 모든 한국인 군대는 이르쿠츠크로 수송되었다. 홍범도 역시 이 대오에 섞여 이르쿠츠크로 갔다. 1921년 8월말 코민테른 동양비서부는 고려혁명군정의회를 폐지하고 한국인 부대를 소비에트 적군 제5군단 관할하의 한족여단으로 개편하였다. 홍범도는 노령(老齡)이라는 이유로 다른 노병들과 함께 모스크바 관광에 보내졌다.

1922년 전반기 홍범도는 약간 명의 옛 부하들과 함께 시베리아의 이만으로 돌아갔다. 그리고는 블라고베시첸스크에서 이동휘, 문창범 등과 고려중앙정청을 조직하고, 9월 1일에는 치타에서 대표자 회의를 여는 등 한인사회의 자치활동에 참여하였다.

1922년 10월 모스크바정부의 외교교섭으로 일본군은 시베리아에서 철수하였다. 1922년 12월 30일 스탈린 정부는 제1회 전연방 소비에트대회를 열고 '소비에트 사회주의 공화국 연방'을 출범시켰으며, 연해주도 통치구역에 편입되었다. 그 결과 1923년 1월부터 소련 영토 내에서 한국인의 무장활동이 사실상 금지되었다. 1923~24년경부터 홍범도는 이만에서 옛 부하들과 함께 집단농장을 경영하면서 독립군의 재기 기회를 기다리다가, 1926년경에는 중병에 걸리기도 하였다. 1937년 스탈린 정부는 시베리아 일대에 거주하는 모든 한국인을 중앙아시아로 강제이주시키는 비인도적 정책을 자행하였다. '집단농장의 69세 지도자' 홍범도는 20~30만의 한국인(고려인)과 함께 중앙아시아로 강제 이주되어, 현재의 카자흐 공화국의 크질오르다 지방에 정착하여 집단농장을 개척하였다.[*]

노동자출신이자 여호인으로 항일영웅이었던 홍범도는 1927년 소련공산당에 입당했다. 그후 당원으로서 집단농장에서 일하였고, 1937년 강제이주 이후에는 카자흐스탄 크질

---

[*] 독립기념관, 『독립운동인명사전』, 홍범도.

오르다에서 연금생활자로 고려인의 존경을 받으며 여생을 마쳤다. 그리고 상해파이자 여호인인 이인섭의 주도 아래 홍범도의 흉상이 크질오르다 중앙묘지에 설립되었다.

문창범은 러시아에 귀화한 한인으로서 최재형과 함께 러시아한인독립운동을 이끈 대표적인 지도자였다고 할 수 있다. 다만 최재형은 구한말과 1910년대에, 문창범은 러시아혁명이후를 주도하였다는 차이가 있다고 볼 수 있다. 또한 최재형은 1920년 4월 일본군에 의해 처형당하였으나, 문창범은 1930년대 후반 소련공산당에 의해 감옥에서 옥사하는 비운을 겪었다. 두사람은 모두 소련공산당에 입당하지 않았다. 최재형은 일차적으로 1920년 4월 사망하였기 때문이라고 볼 수 있다. 최재형과 문창범은 자산가라는 공통점이 있다. 그러므로 공산주의시절 토호로 규정되었고, 그들의 자녀들은 모두 평탄한 삶을 이루지 못한 것으로 추정된다. 최재형은 위대한 항일영웅이었지만 자산가로 규정되어 그녀의 자녀들은 모두 중앙아시아 지역으로 추방되었던 것이다. 중앙아시아로 유배되었던 최재형의 딸들인 최 올가를 모스크바에서, 최 류드밀라를 키르키즈스탄 까라꼴에서, 최 엘리자벳타를 카자흐스탄 알마티에서, 손자인 최 발렌찐을 모스크바에서 만나볼 수 있었다. 문창범의 후손들도 20여년동안 백방으로 수소문 하여 보았지만 그 흔적을 찾을 수 없었다. 아마도 최재형의 자녀들과 비슷한 길을 걸었을 것으로 추정된다.

문창범은 러시아에 거주하는 한인들로부터 높은 평가와 지지를 받았다. 대한국민의회 의장이나 러시아한인의 대통령 등의 표현은 문창범의 항일독립운동선상에서의 위상을 단적으로 보여주는 것이라고 할 수 있다. 그러나 그에게는 수많은 부정적인 수식어도 있다. 일단 상해대한민국임시정부에서 이단아로 평가되었다. 러시아 대표로 임시정부의 교통총장으로 임명되었으나 참여하지 않았고, 임시정부에 참여했던 대한국민의회를 새롭게 부활시켰기 때문이다. 아울러 문창범은 일부 상해파와 러시아에 귀화하지 않은 여호인들로부터 부정적인 평가를 받아왔다. 그러나 상해파의 대표적인 독립운동가이자 역사학자인 계봉우는 문창범을 대표적인 독립운동가의 한사람으로 높이 평가하고 있다.

소련정부와 고려인에 의해 최재형과 문창범의 잊혀진 역사는 1991년 구소련 붕괴이후 한 역사학자의 노력에 의해 새롭게 부활하게 되었다. 문창범은 러시아지역 3·1운동의 대표적 지도자이자, 러시아지역 최초의 한인정부인 대한국민의회의 의장인 점이 주목되었다. 아울러 독립운동선상에서 입법과 행정을 갖춘 정부조직을 만들기 위해 노력한 대표적인 인물 가운데 한 사람으로 규정되었다. 이러한 그의 노력이 3·1운동이후 단기간 내에 상해에서 임시정부가 만들어지는 견인차 역할을 하였던 것이다.

앞으로 수많은 자료의 발굴을 통하여 독립운동가들에 대한 평가는 보다 객관적으로, 신중하게 이루어져야 할 것이다. 특정인의 구술이나 회고록에 경도되는 것도 지양해야 할 것이다. 사료에 대한 냉정한 평가가 우선시 되어야 할 것이다. 그속에서 화합과 통합이 이루어질 수 있고, 지혜를 발견할 수 있는 것이 아닐까. 아울러 아무리 위대한 독립운동가라고 하더라도 사실에 대한 지나친 과장이나 편견 없이 있는 그대로 서술되고 평가되기를 기원한다. 편견과 지나친 선양은 오히려 독이 될 수 있기 때문이다.

▪ 저자

박 환(朴 桓)

경북 청도 출생

한국독립운동사를 전공하였으며, 고려학술문화재단 이사장으로 재임 중이다. 수원대학교 사학과 교수, 한국민족운동사학회 회장 등을 역임하였다.

주요 저서로는 『대한민국임시정부의 현장을 가다』, 『100년을 이어온 역사가의 길』, 『한국독립운동사의 반성과 과제』, 『신흥무관학교』, 『만주독립전쟁』, 『독립군과 무기』, 『독립운동과 대한적십자』, 『한국전쟁과 국민방위군사건』, 『블라디보스토크 · 하바롭스크』, 『사진으로 보는 3 · 1운동 현장과 혁명의 기억과 공간』, 『페치카 최재형』, 『근대 해양인. 최봉준』, 『간도의 기억』, 『잊혀진 민족운동가의 새로운 부활』, 『사진으로 보는 만주지역 한인의 삶과 기억의 공간』, 『만주벌의 항일영웅 김좌진』, 『만주지역 한인민족운동의 재발견』, 『박환교수와 함께 걷다. 블라디보스토크』, 『잊혀진 혁명가 정이형』, 『사진으로 보는 러시아지역 한인의 삶과 기억의 공간』, 『민족의 영웅. 시대의 빛 안중근』, 『김좌진 평전』, 『강우규 의사 평전』, 『박환교수의 만주지역 한인 유적답사기』, 『러시아지역 한인언론과 민족운동』, 『박환교수의 러시아 한인 유적답사기』, 『시베리아 한인 민족운동의 대부 최재형』, 『경기지역 3 · 1독립운동 연구』, 『식민지시대 한인아나키즘운동사』, 『대륙으로 간 혁명가들』, 『재소한인민족운동사』, 『러시아 한인 민족운동사』, 『만주한인민족운동사연구』 등이 있다.